ENCICLOPEDIA
GENERAL

Edición publicada por Parragon en 2013

Copyright © 2012 Parragon Books Ltd

Parragon Books Ltd
Chartist House
15-17 Trim Street
Bath BA1 1HA, Reino Unido

© Edición original EDITORIAL SOL90 S.L.
Imágenes adicionales de la cubierta: Getty Images.

Todos los derechos reservados. Ninguna parte de esta publicación se puede reproducir, almacenar o transmitir de forma o por medio alguno, sea este electrónico, mecánico, por fotocopia, grabación o cualquier otro, sin la previa autorización del titular de los derechos.

Textos: Cathy Jones y Janine Amos
Asesores: Christopher Collier y Alan Howe, Universidad de Bath Spa, Reino Unido

Traducción: Montserrat Ribas para Delivering iBooks, Barcelona
Redacción y maquetación: Delivering iBooks, Barcelona

ISBN 978-1-4723-0432-2

Impreso en China

ENCICLOPEDIA
GENERAL

PaRragon

Bath · New York · Singapore · Hong Kong · Cologne · Delhi
Melbourne · Amsterdam · Johannesburg · Shenzhen

ÍNDICE

EL UNIVERSO Y EL PLANETA TIERRA

MUNDO NATURAL

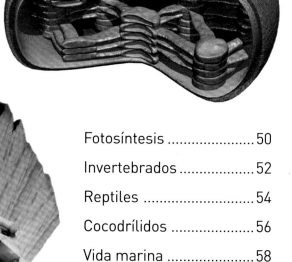

EL CUERPO HUMANO

HISTORIA

CIENCIA Y CULTURA

Aquí se explican las palabras y frases difíciles. En el texto encontrarás estos términos escritos en **negrita**.

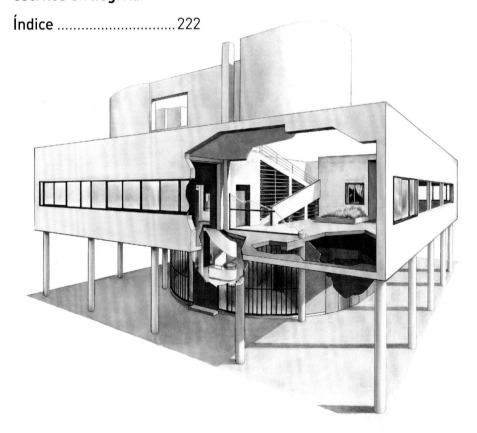

EL UNIVERSO Y EL PLANETA TIERRA

El universo es tan inmenso que cuesta imaginarlo. Contiene miles de millones de galaxias, y cada **galaxia** contiene miles de millones de estrellas. Alrededor de una de esas estrellas, el Sol, **orbita** el planeta Tierra. Nuestro planeta es el único rincón del universo donde sabemos que hay vida. Los científicos no dejan de descubrir cosas asombrosas sobre el universo, pero de lo único que podemos estar seguros es de que todavía queda muchísimo por saber.

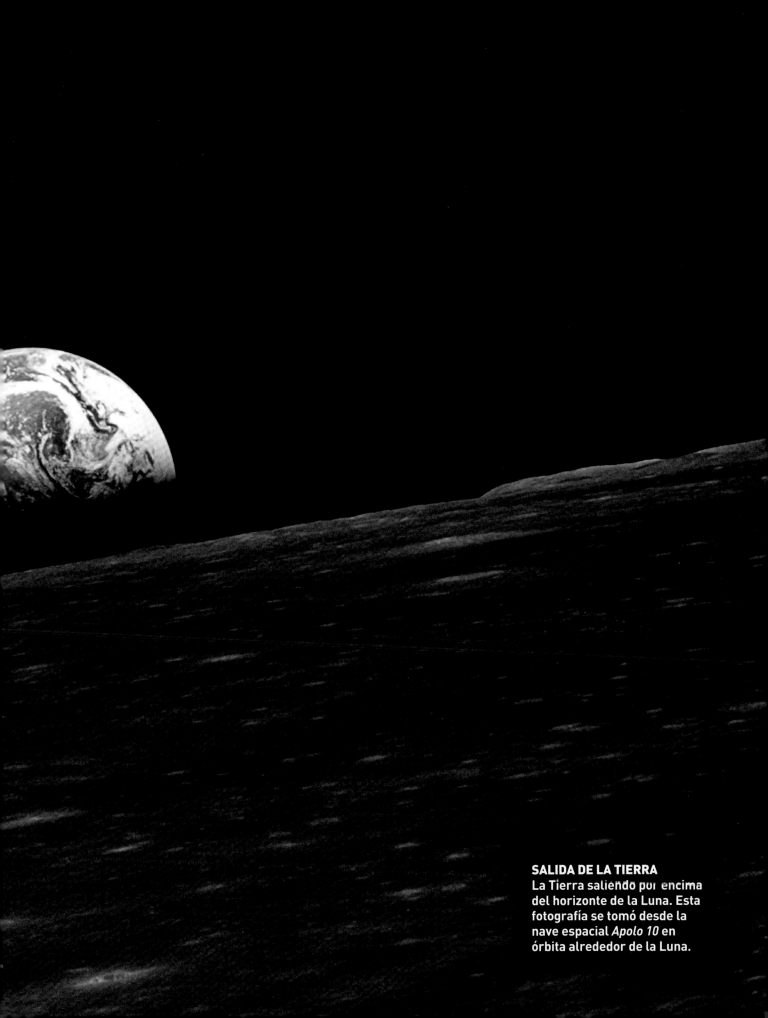

SALIDA DE LA TIERRA
La Tierra saliendo por encima del horizonte de la Luna. Esta fotografía se tomó desde la nave espacial *Apolo 10* en órbita alrededor de la Luna.

Nuestro universo

El universo es toda la materia, la energía, el espacio y el tiempo que existen, y no deja de expandirse en todas direcciones. El universo contiene cosas que podemos ver, como galaxias, estrellas, planetas, nebulosas y cometas, y otras que no, como la materia oscura. A lo largo de la historia los científicos han realizado muchos descubrimientos sobre nuestro universo, pero una gran parte de él sigue siendo misteriosa y desconocida.

ESTRELLA
Las estrellas están hechas de gas y emiten luz y calor. Las estrellas más calientes son de un blanco azulado, y las más frías, naranjas, amarillas o rojas.

PLANETA
Los planetas son esféricos. No emiten luz propia y orbitan alrededor de las estrellas.

4000
Las estrellas que se pueden ver a simple vista.

SATÉLITE
Los satélites no tienen luz propia. Orbitan alrededor de los planetas. Un planeta puede tener varios.

AÑO LUZ
Un año luz es una unidad de longitud igual a la distancia que recorre la luz en un año. El año luz se utiliza para medir las inmensas distancias entre estrellas, planetas, satélites y otros cuerpos del universo.

1 AÑO LUZ = 9 460 800 000 000 kilómetros

MATERIA OSCURA

La mayor parte de la materia espacial es una extraña sustancia que no se puede ver, y se denomina materia oscura. En el universo hay mucha más materia oscura que visible, pero poco se sabe de ella.

NEBULOSA

Una nebulosa es una nube de gases y polvo que puede producir increíbles efectos de luz. A veces en estas nubes se forman nuevas estrellas. Las nebulosas se forman a partir de la materia que queda cuando muere una estrella.

OBSERVAR EL CIELO

Todas las estrellas que vemos en el cielo nocturno están en nuestra **galaxia**, la Vía Láctea.

GALAXIA

Las galaxias son grandes grupos de estrellas, planetas, gases y polvo que se mantienen unidos por la fuerza de la **gravedad**. En el universo hay miles de millones de galaxias, algunas con hasta 100 billones de estrellas.

de cambiar. Ahora está lleno de galaxias que quizá no siempre hayan existido. En el futuro, es posible que desaparezcan.

EL INICIO
Al principio del tiempo y el espacio el universo era solo un punto, caliente y denso.

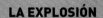

LA EXPLOSIÓN
El universo se expandió en la primera fracción de segundo tras el Big Bang. Se formaron las partículas de materia más grandes y aparecieron concentraciones de gas.

LA MEJOR TEORÍA

Hoy la mayoría de los científicos aceptan que la del Big Bang es la mejor explicación a la formación del universo. El astrónomo ucraniano George Gamow fue uno de los primeros en desarrollar esta teoría, en la década de 1940. Antes era una idea polémica.

TEORÍAS

Una teoría es la explicación de un aconte-cimiento natural dada después de exami-nar los datos. Una teoría nunca se puede demostrar del todo, pero se pueden reca-bar pruebas que la apoyen hasta que se convierte en la mejor explicación.

GALAXIAS

Las primeras galaxias se formaron en los primeros mil millones de años tras el Big Bang. Se componen de polvo, gas, planetas y estrellas.

EL SISTEMA SOLAR

Unos 9000 millones de años después del Big Bang apareció el Sistema Solar, con la Tierra.

125

MIL MILLONES

Número aproximado de galaxias del universo visible. Es posible que existan muchas más.

La vida de las estrellas

Las estrellas son esferas de gas incandescente. Las vemos casi iguales, pero varían mucho en tamaño, color y temperatura. La mayoría parecen blancas, pero las hay naranjas, rojas y azules. Las estrellas no son eternas. Las grandes tienen más combustible y lo queman deprisa. Viven unos 10 millones de años. Las estrellas pequeñas pueden durar cientos de miles de millones de años.

LAS GRANDES

Con una masa ocho o más veces más grande que la de nuestro Sol, las estrellas más grandes tienen una vida corta. Cuando llegan al final de su vida, su núcleo se colapsa. Eso causa una enorme explosión llamada supernova, que puede brillar tanto como una galaxia entera.

2 COLOR
Las estrellas grandes son azuladas.

3 GIGANTE ROJA
Hacia el final de su vida, las estrellas se convierten en gigantes rojas. Se hacen cada vez más grandes al bajar la temperatura.

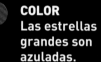

1 NACIMIENTO DE UNA ESTRELLA
La fuerza de la **gravedad** atrae el polvo y el gas y forma nubes, las nebulosas. La materia se **condensa**, sube la temperatura y empieza a brillar. Ha nacido una estrella.

2 COLOR
Las estrellas no tan grandes son de un rojo pálido porque su temperatura es inferior. Las estrellas pequeñas, llamadas enanas rojas, son las más comunes en el universo.

LAS PEQUEÑAS

Estas estrellas tienen una vida mucho más larga que las más grandes. Al cabo de muchos miles de millones de años acaban convirtiéndose en gigantes rojas.

5 AGUJERO NEGRO
Tras la explosión de una estrella gigante puede aparecer un agujero negro. Es una zona del espacio con un campo gravitatorio tan fuerte que ni la luz puede escapar de él.

4 SUPERNOVA
Una supernova es una enorme explosión causada por una estrella que, al final de su vida, se colapsa.

5 ESTRELLA DE NEUTRONES
Una supernova puede dejar atrás un pequeño cuerpo denso llamado estrella de neutrones.

4500
MILLONES DE AÑOS
La edad del Sol.

3 GIGANTE ROJA
Grandes y pequeñas, todas las estrellas acaban por convertirse en gigantes rojas. Su volumen aumenta y baja su temperatura.

4 NEBULOSA
Al final de su vida, los gases cercanos a la superficie de la estrella se escapan y forman una nube llamada nebulosa planetaria.

5 ENANA BLANCA
Una vez desprendidas las capas exteriores gaseosas de la estrella, queda una enana blanca. Brilla con un intenso color blanco y después se apaga.

Galaxias

Las galaxias son grupos de estrellas, planetas, gas y polvo en movimiento, unidos por la fuerza de la **gravedad**. Las primeras galaxias se formaron 200 millones de años después del Big Bang.

¿GALAXIA ÚNICA?

Hasta principios del siglo xx se creía que la Vía Láctea era la única **galaxia**.

ESTRELLAS

Las galaxias contienen miles de millones de estrellas. La mayoría de ellas están agrupadas alrededor del centro.

GRAVEDAD

Todo objeto del universo atrae a otros con una fuerza llamada gravedad. La gravedad es mayor cuanto más grande es el objeto y cuanto más cerca está. Las galaxias se mantienen unidas por esta fuerza.

VÍA LÁCTEA

La galaxia de la Tierra se llama Vía Láctea. Es una galaxia espiral. La Tierra está en uno de los brazos de la espiral. Las estrellas que vemos en el cielo son algunas de los millones que tiene la Vía Láctea.

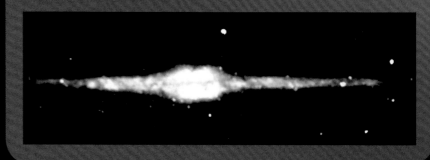

TIPOS DE GALAXIAS

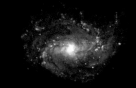

ELIPTÍCA
Estas galaxias, compuestas sobre todo por viejas estrellas, parecen esferas achatadas. Tienen muy poco polvo y gas.

ESPIRAL
Las galaxias espirales están compuestas por estrellas viejas y nuevas. Conforman una espiral parecida a un molinete que girara lentamente.

IRREGULAR
Las galaxias sin una forma definida se llaman irregulares. Contienen muchas estrellas nuevas.

POLVO Y
Las galaxias
de polvo y gases.

CHOQUES DE GALAXIAS
A veces dos galaxias espirales chocan entre sí. Con el tiempo, se juntan y forman una sola galaxia irregular.

MÁS DE 100 000 MILLONES
El número de estrellas de la Vía Láctea.

El Sistema Solar

El Sol es la estrella más cercana a nuestro planeta. Ocho planetas **orbitan** alrededor del Sol, así como numerosos objetos más pequeños, como planetas enanos, asteroides y cometas. Al conjunto del Sol y los cuerpos que orbitan a su alrededor se le da el nombre de Sistema Solar.

ANILLOS
Los anillos de Saturno están formados por pequeñas partículas que orbitan alrededor del planeta.

GIGANTES GASEOSOS
Los planetas exteriores —Júpiter, Saturno, Urano y Neptuno— son gigantescas esferas compuestas básicamente de gas. Se conocen con el nombre de gigantes gaseosos y su superficie es muy fría.

NEPTUNO

URANO

SATURNO

AÑOS
Un año es el tiempo que tarda un planeta en dar la vuelta al Sol. Cuanto más lejos está un planeta del Sol, más largo es su año.

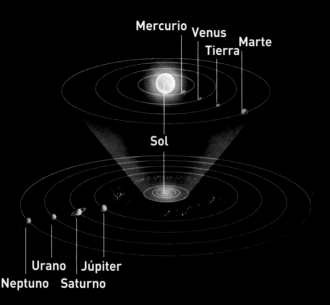

Mercurio Venus Tierra Marte

Sol

Neptuno Urano Júpiter Saturno

LUNAS
Los planetas exteriores tienen muchas lunas. Saturno y Júpiter tienen más de 60 cada uno.

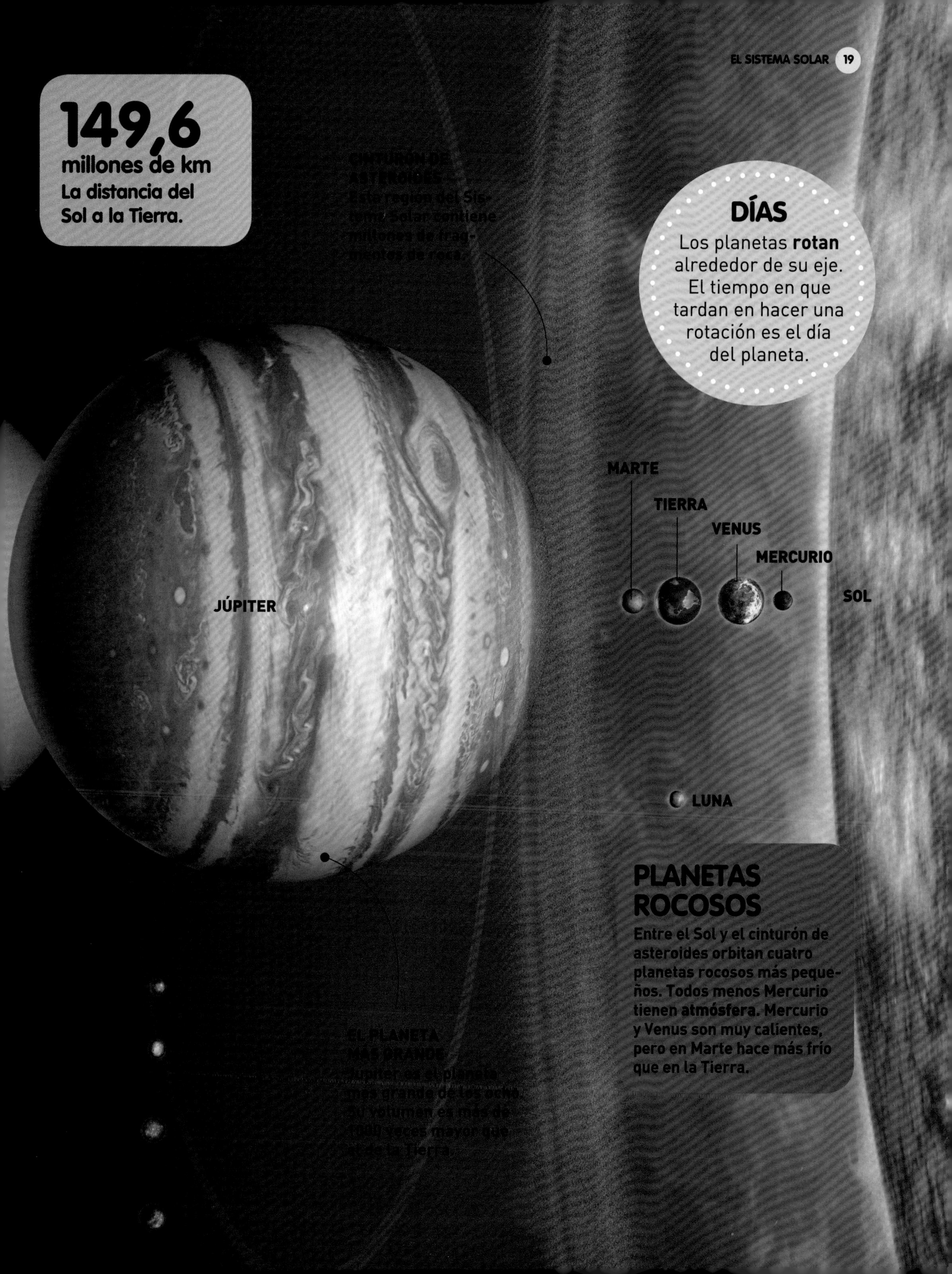

149,6
millones de km
La distancia del
Sol a la Tierra.

**CINTURÓN DE
ASTEROIDES**
Esta región del Sis-
tema Solar contiene
millones de frag-
mentos de roca.

DÍAS
Los planetas **rotan**
alrededor de su eje.
El tiempo en que
tardan en hacer una
rotación es el día
del planeta.

JÚPITER

MARTE

TIERRA

VENUS

MERCURIO

SOL

LUNA

**EL PLANETA
MÁS GRANDE**
Júpiter es el planeta
más grande de los ocho.
Su volumen es más de
1300 veces mayor que
el de la Tierra.

PLANETAS
ROCOSOS

Entre el Sol y el cinturón de
asteroides orbitan cuatro
planetas rocosos más pequeños. Todos menos Mercurio
tienen atmósfera. Mercurio
y Venus son muy calientes,
pero en Marte hace más frío
que en la Tierra.

El Sol

El Sol es la única estrella del Sistema Solar. Es una estrella mediana que se formó hace 4500 millones de años, y le quedan unos 5000 millones de años de vida. Su luz y su calor hacen posible la vida en nuestro planeta.

8,2 MINUTOS
El tiempo que tarda la luz en llegar a la Tierra desde la superficie solar.

GASES BRILLANTES
El Sol está compuesto básicamente de **hidrógeno** (90 %) y helio (10 %). Estos dos gases son muy calientes, lo que hace que el Sol brille.

NÚCLEO
La temperatura del núcleo del Sol es de 15 millones de °C.

FICHA TÉCNICA

Símbolo	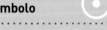
Distancia de la Tierra	149,6 millones de kilómetros
Diámetro	1 392 000 km
Temperatura en la superficie	6000 °C

ZONA DE RADIACIÓN
La energía del núcleo pasa a través de esta zona.

ZONA DE CONVECCIÓN
La energía es conducida hacia la superficie del Sol desde la zona de convección.

FOTOSFERA
Es la parte del Sol que podemos ver, compuesta por la superficie y la atmósfera. Su temperatura alcanza los 6000 °C.

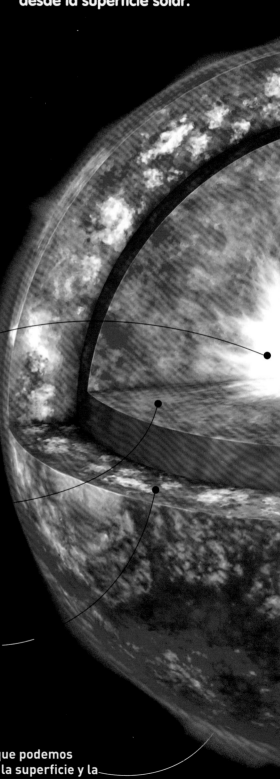

VIENTO SOLAR

El Sol emite un «viento» continuo de partículas que van en todas direcciones. Cerca de la Tierra el viento solar alcanza una velocidad de 450 km por segundo. Provoca fenómenos como las auroras boreales y las tormentas magnéticas.

ECLIPSE

Cuando la Luna pasa entre el Sol y la Tierra se produce un eclipse de Sol. La Tierra queda a oscuras unos minutos.

CORONA

La parte exterior de la atmósfera se extiende muchos millones de kilómetros por el espacio. Su temperatura es de 2 millones de ºC.

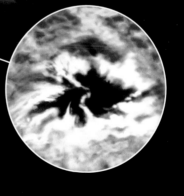

MANCHAS SOLARES

Las manchas solares son zonas más oscuras de la superficie, donde los gases son más fríos.

ERUPCIONES SOLARES

Las erupciones son explosiones extremadamente potentes en la superficie del Sol que arrojan ingentes cantidades de materia al espacio.

La Tierra

Nuestro planeta es el tercero más cercano al Sol y el más grande de los planetas rocosos. Se conoce como «planeta azul» por el color de los océanos que cubren dos tercios de su superficie. La Tierra es el único planeta en cuya superficie se ha encontrado agua en estado líquido.

Sol

Tierra

VIDA

La Tierra es el único planeta donde se sabe que hay vida. Y puede haberla por varias razones: la presencia de agua líquida en la superficie, temperaturas ni demasiado calientes ni demasiado frías y una **atmósfera** protectora. La Tierra es también el único planeta donde hay agua en sus tres estados:

SÓLIDO

El agua se hiela a los 0 °C. En los polos, los puntos más fríos del planeta, el agua está helada.

LÍQUIDO

Una gran parte de la superficie terrestre está cubierta por agua líquida, casi toda salada.

GASEOSO

El aire contiene agua en forma de vapor. Cuando se **condensa**, se vuelve líquida y forma las nubes.

AGUA

Las nubes se forman por la condensación del vapor de agua suspendido en el aire.

ATMÓSFERA

La atmósfera está compuesta de varios gases, principalmente nitrógeno y **oxígeno**.

ACTIVIDAD HUMANA

Al quemar carbón, petróleo y gas se liberan en la atmósfera productos químicos nocivos.

POLO SUR

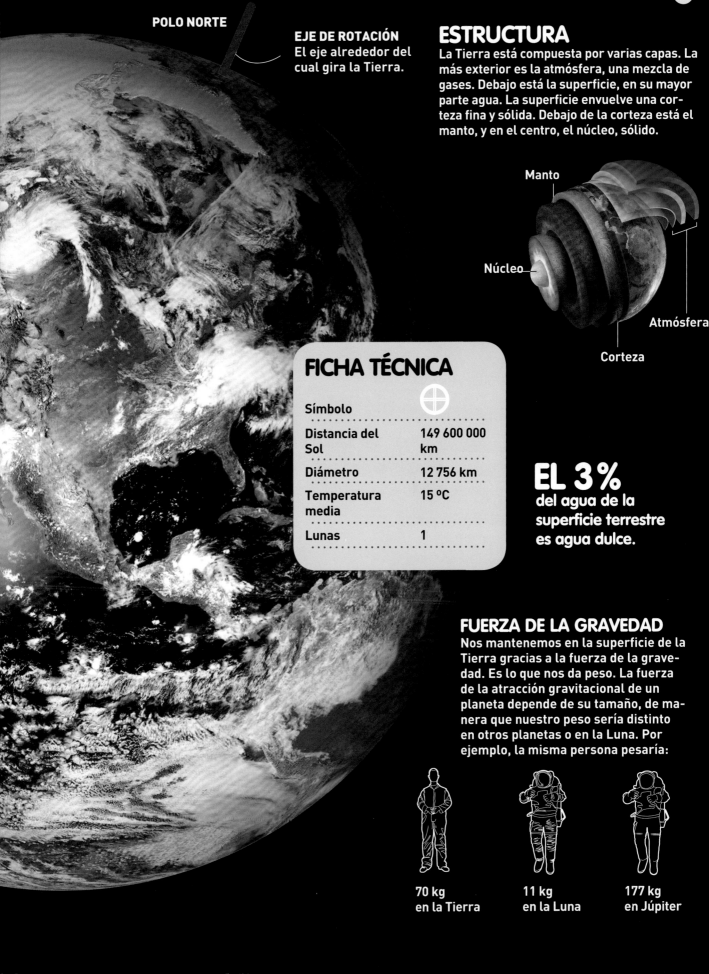

POLO NORTE

EJE DE ROTACIÓN
El eje alrededor del cual gira la Tierra.

ESTRUCTURA

La Tierra está compuesta por varias capas. La más exterior es la atmósfera, una mezcla de gases. Debajo está la superficie, en su mayor parte agua. La superficie envuelve una corteza fina y sólida. Debajo de la corteza está el manto, y en el centro, el núcleo, sólido.

Manto

Núcleo

Atmósfera

Corteza

FICHA TÉCNICA

Símbolo	⊕
Distancia del Sol	149 600 000 km
Diámetro	12 756 km
Temperatura media	15 ºC
Lunas	1

EL 3%
del agua de la superficie terrestre es agua dulce.

FUERZA DE LA GRAVEDAD

Nos mantenemos en la superficie de la Tierra gracias a la fuerza de la gravedad. Es lo que nos da peso. La fuerza de la atracción gravitacional de un planeta depende de su tamaño, de manera que nuestro peso sería distinto en otros planetas o en la Luna. Por ejemplo, la misma persona pesaría:

70 kg
en la Tierra

11 kg
en la Luna

177 kg
en Júpiter

Movimientos de la Tierra

23,5°
El ángulo de inclinación de la Tierra.

Como todos los planetas del Sistema Solar, la Tierra gira sobre su propio **eje** y también **orbita** alrededor del Sol. A esos dos movimientos se debe que haya día y noche, y también la existencia de distintas estaciones.

21 DE JUNIO
El día más largo en el hemisferio norte coincide con el solsticio de verano.

ÓRBITA ANUAL
La Tierra tarda 365 días, 5 horas y 48 minutos en dar una vuelta alrededor del Sol. Como su eje es inclinado, a lo largo del año varían las regiones que quedan más cerca del Sol. Esa variación determina las distintas estaciones, así como la duración de nuestros días y noches.

SOL

21 DE SEPTIEMBRE
Equinoccio de otoño en el hemisferio norte. El día y la noche duran lo mismo: 12 horas.

147,6 MILLONES DE KM

 EJE DE ROTACIÓN

ROTACIÓN DIARIA
La Tierra da una vuelta alrededor de su eje en un día. Este movimiento causa la noche y el día. También hace que el planeta esté un poco achatado por los polos y origina las corrientes oceánicas.

ATENCIÓN: EN ESTE ESQUEMA EL SOL Y LA TIERRA NO ESTÁN REPRESENTADOS A ESCALA.

21 DE DICIEMBRE
Solsticio de invierno en el hemisferio norte. Es el día más corto del año.

21 DE MARZO
Equinoccio de primavera en el hemisferio norte. El día y la noche duran lo mismo.

152,5 MILLONES DE KM

BISIESTOS

Cada cuatro años el mes de febrero tiene 29 días en lugar de 28. Esos años se llaman bisiestos.

HEMISFERIO NORTE

ECUADOR

HEMISFERIO SUR

HEMISFERIOS

La Tierra está dividida en dos mitades: los hemisferios norte y sur. El ecuador es la línea imaginaria que separa los dos hemisferios. Cuando es verano en el norte, es invierno en el sur.

DESFASE HORARIO
Los vuelos de larga distancia pueden producir *jet lag*, porque el cambio de zona horaria puede alterar el ritmo natural del cuerpo.

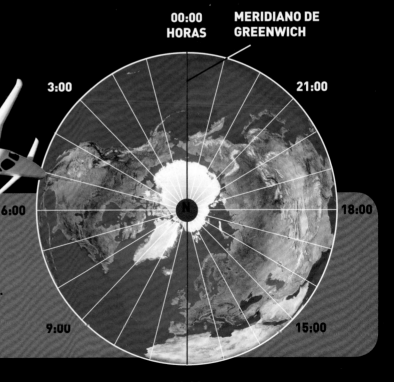

00:00 HORAS

MERIDIANO DE GREENWICH

3:00

21:00

6:00

18:00

9:00

15:00

12:00 HORAS

HUSOS HORARIOS

La Tierra está dividida en 24 husos horarios por líneas imaginarias que van de polo a polo. Cada huso horario varía una hora respecto a los que tiene a los lados. El meridiano 0 es el meridiano de Greenwich.

La Luna

La Luna es el único satélite natural de nuestro planeta. Orbita alrededor de la Tierra mostrándonos siempre la misma cara. Vista desde la Tierra, la Luna cambia de aspecto en función de la luz del Sol que incide en ella y se **refleja** hacia nosotros.

LUNA LLENA

Según distintos mitos y leyendas, en las noches de luna llena pasan las cosas más extrañas.

ÓRBITA

Cada órbita de la Luna coincide exactamente con una rotación. Por eso siempre vemos la misma cara de la Luna.

ÓRBITA LUNAR

LUNA

CARA VISIBLE

CARA OCULTA (OSCURA)

TIERRA

CRÁTERES
La superficie de la Luna está cubierta de cráteres causados por el impacto de asteroides y cometas.

LAS MAREAS

La **gravedad** de la Luna atrae el agua de los mares de la Tierra. Eso causa las **mareas**. Cuando la Luna está encima de una región de la Tierra, su fuerza de atracción es mayor y el agua sube: es la marea alta. También hay marea alta en el caso contrario, cuando la atracción de la Luna es la mínima. Hay marea alta aproximadamente cada 12 horas.

MARES
Llamamos mares a estas zonas que vemos más oscuras, aunque en realidad son secas.

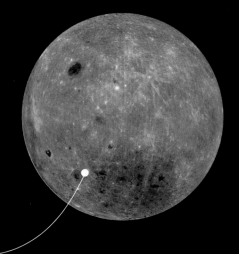

CARA OCULTA
La cara oculta de la Luna no se ve desde la Tierra. La primera fotografía la tomó una sonda espacial rusa en 1959.

29,5 DÍAS

La duración media de una órbita lunar.

NÚCLEO
Es probable que la Luna
tenga un núcleo sólido, pero
no lo sabemos con exactitud.

MANTO
Esta parte rocosa
tiene un grosor de
unos 995 kilómetros

FICHA TÉCNICA

Símbolo	🌙
Distancia de la Tierra	384 400 km
Diámetro	3476 km
Temperatura	100 °C (día) -64 °C (noche)

FASES DE LA LUNA

La parte de la Luna que podemos ver
cambia con la órbita lunar. Vemos la luna
llena cuando la Tierra se encuentra entre
la Luna y el Sol. Cuando la Luna está entre
la Tierra y el Sol, queda en sombra. Es la
luna nueva.

Luna nueva	Luna nueva visible	Cuarto creciente	Gibosa creciente	Luna llena	Gibosa menguante	Cuarto menguante	Luna menguante

La Tierra primitiva

La Tierra y los otros planetas del Sistema Solar se formaron hace 4600 millones de años. Al principio la Tierra era una enorme bola de roca incandescente, sin agua ni **atmósfera**. En el transcurso de millones de años ocurrieron grandes cambios. Primero se formó la corteza terrestre, y después la atmósfera, los océanos y por fin los continentes, cuando la Tierra se convirtió en el planeta que hoy conocemos.

FORMACIÓN
La Tierra se formó a partir de una inmensa nube de gas y polvo.

ENFRIAMIENTO
Poco a poco la superficie se fue enfriando y se formó una corteza seca.

SISTEMAS MONTAÑOSOS
Las cordilleras más altas, como los Alpes, los Andes y el Himalaya, se empezaron a formar hace unos 60 millones de años.

LOS PRIMEROS CONTINENTES
Empezó a aparecer tierra hace 1800 millones de años. Poco a poco se formó una gran masa, que luego se dividió en los continentes que conocemos hoy.

4000 MILLONES DE AÑOS

La edad de las rocas más antiguas.

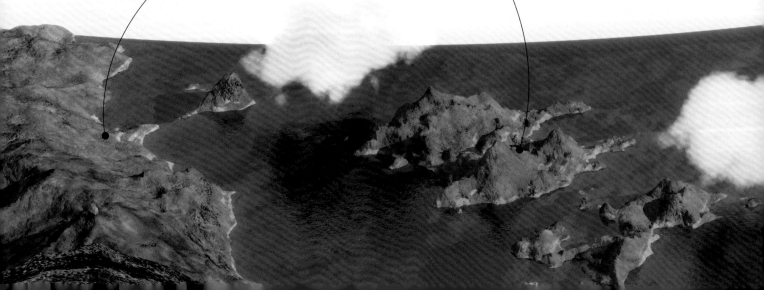

VIDA
Cuando se formó la atmósfera y apareció agua líquida, la vida empezó a evolucionar.

 3

IMPACTOS DE ASTEROIDES Y COMETAS
Sin una atmósfera que la protegiera, la superficie terrestre sufrió el impacto de asteroides y cometas.

 4

SUPERVOLCANES
La materia incandescente explotó a través de la corteza en forma de inmensos volcanes.

5

LA ATMÓSFERA
Los gases emitidos por los volcanes formaron una capa alrededor del planeta.

6

LA PRIMERA LLUVIA
Los volcanes crearon vapor de agua, que se **condensó** en la atmósfera y formó las nubes.

7

LA PRIMERA ERA GLACIAL
Hace unos 2400 millones de años, el planeta se enfrió tanto que se congeló la superficie.

8

MARES Y OCÉANOS
A medida que la corteza se fue enfriando, se acumuló agua líquida en la superficie y aparecieron los mares y océanos.

Estructura de la Tierra

Bajo la superficie, la Tierra es muy diferente. El suelo rocoso sobre el que vivimos es solo una fina corteza. Debajo está el manto, hecho de roca sólida y líquida, y en el centro hay un núcleo de metal caliente. Todo el planeta está rodeado de una capa de gases que forman la **atmósfera**.

¿HASTA DÓNDE HEMOS EXPLORADO?

Desde la superficie hasta el centro de la Tierra hay más de 6000 km. Hasta el momento hemos conseguido explorar poco más de 12 km.

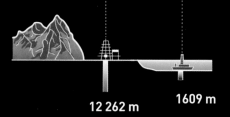

MONTE EVEREST 8800 m	PERFORACIÓN TERRESTRE	PERFORACIÓN SUBMARINA
	12 262 m	1609 m

5500 °C

La temperatura en el centro de la Tierra.

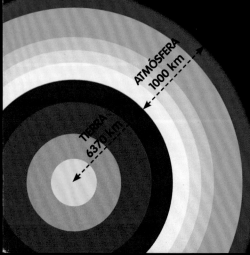

ATMÓSFERA 1000 km

TIERRA 6370 km

700

2269 km

1216 km

NÚCLEO INTERIOR
El núcleo interior está formado por hierro y níquel sólidos.

NÚCLEO EXTERIOR
El núcleo exterior está formado por hierro y níquel fundidos.

MANTO INTERIOR
Lo componen pesadas rocas, a una t≠empera-tura de más de 1000 ºC.

MANTO EXTERIOR
El movimiento del manto exterior causa los terremotos y erup-ciones volcánicas.

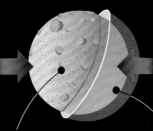

RADIACIÓN SOLAR

RADIACIÓN SOLAR

SIN ATMÓSFERA
La vida sería destruida por la **radiación** y el calor.

ATMÓSFERA
Filtra los rayos del Sol y distribuye su calor.

IONOSFERA

MESOSFERA

ESTRATOSFERA

TROPOSFERA

LA ATMÓSFERA

La atmósfera está compuesta por una mezcla de gases, principalmente nitrógeno y **oxígeno**. Está dividida en capas según la cantidad de gases de cada nivel. La atmósfera nos proporciona el aire que respiramos y nos protege de los rayos nocivos del Sol.

CORTEZA
La capa exterior, de roca, tiene entre 5 y 70 km de grosor.

PLANETA CALIENTE
La temperatura de la Tierra aumenta cuanto más nos acercamos al centro.

LA HIDROSFERA

Hidrosfera es el nombre que se da a la parte líquida de la Tierra, que incluye mares y océanos, lagos, ríos, aguas subterráneas y el agua de la atmósfera. El agua cubre más de dos tercios de la superficie terrestre.

¿TIERRA O MAR?

29% tierra   71% agua

VOLUMEN TOTAL DE AGUA

97% salada   3% dulce

AGUA DULCE

2,15% agua subterránea   0,85% hielo

0,01% superficie y atmósfera

Los continentes

La corteza terrestre está compuesta por partes que encajan unas con otras como un puzle. Se llaman placas tectónicas, flotan sobre un manto semilíquido y están en continuo movimiento. Los movimientos de las placas formaron los continentes hace millones de años, e incluso hoy día los continentes se siguen moviendo.

HACE 250 MILLONES DE AÑOS
Lentamente el océano Tetis dividió Pangea en dos subcontinentes: Laurasia y Gondwana. Volvieron a unirse para formar un supercontinente.

2

LAURASIA

Océano
Tetis

GONDWANA

SUDAMÉRIC

**HACE 290 MILLONES
DE AÑOS**
Existía un solo bloque de tierra, llamado Pangea, rodeado de agua.

PANGEA

DERIVA CONTINENTAL
Vivimos sobre placas que lenta pero continuamente desplazan los continentes por la Tierra. Este proceso se llama deriva continental.

0,6-10 cm
**El desplazamiento
anual de las placas
tectónicas.**

GRANDES FUERZAS
El **magma** (masa de rocas fundidas) caliente asciende desde el centro de la Tierra, mientras que el más frío se hunde. Esta circulación produce el movimiento de las placas tectónicas.

HACE 63 MILLONES DE AÑOS
Las placas norteamericana y antártica se separaron. África y Sudamérica se alejaron y en medio surgió el océano Atlántico.

HACE 60 MILLONES DE AÑOS
La forma de los continentes era similar a la actual. India chocó con Asia y se formó la cordillera del Himalaya.

LAURASIA

SUDAMÉRICA

ÁFRICA

ANTÁRTIDA

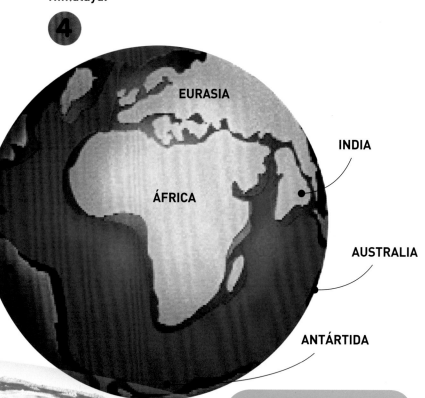

EURASIA

INDIA

ÁFRICA

AUSTRALIA

ANTÁRTIDA

250
MILLONES DE AÑOS
El tiempo que tardarán los continentes en volver a juntarse.

PLACAS TECTÓNICAS

La corteza terrestre está compuesta por siete grandes placas tectónicas y varias más pequeñas. En algunos puntos las placas chocan unas con otras o se separan, lo que hace que la corteza cambie de forma y haya terremotos y erupciones volcánicas.

Mares y océanos

En los últimos 4000 millones de años gran parte de la Tierra, la que rodea los continentes, ha estado cubierta de agua salada. El agua se acumula en grandes y profundos océanos y mares más pequeños y más superficiales. Las aguas esconden inmensas cordilleras montañosas subacuáticas y profundas fosas.

LOS CINCO OCÉANOS

Los geógrafos dividen la parte del planeta cubierta por agua en cinco océanos: Antártico, Glacial Ártico, Atlántico, Índico y Pacífico. El Pacífico es el más grande.

Glacial Ártico

Atlántico

Pacífico

Índico

Antártico

TIPOS DE MARES

INTERIORES	Totalmente rodeados de tierra, como el mar Caspio.
LITORALES	Zonas poco profundas que bordean la costa, como el mar Argentino.
CONTINENTALES	Rodeados de tierra pero con salida al océano, como el mar Mediterráneo.

PRESIÓN DEL AGUA

La presión del agua aumenta a medida que se baja más hondo en el mar. Esa es la razón por la que las personas, si quieren alcanzar las profundidades, tienen que ir en submarinos especiales.

17 g

La cantidad de sal que hay en un litro de agua del océano Atlántico.

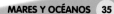

CORRIENTES
Las corrientes son grandes masas de agua fría o cálida que circulan por el planeta.

EL COLOR DEL MAR
El agua es transparente, pero el mar parece azul o verde porque, cuando la luz la atraviesa, el agua absorbe los otros colores del arco iris.

MONTAÑAS SUBMARINAS
Se forman cuando el **magma** rompe la corteza terrestre y brota bajo el agua.

LLANURA ABISAL
Llanuras a unos 4000 m de profundidad.

FOSAS OCEÁNICAS
Son valles en «V» que se forman donde se unen dos placas tectónicas y una es arrastrada bajo la otra. La más honda es la fosa de las Marianas, de 11 000 km de profundidad.

La atmósfera

Nuestro planeta está rodeado y protegido por una capa de aire llamada **atmósfera**. La atmósfera nos proporciona el **oxígeno** que respiramos y nos protege de los rayos nocivos del Sol. La atmósfera se puede dividir en capas. Cada capa tiene una composición distinta de gases, y solo se puede vivir en la más cercana al suelo.

RADIACIÓN

Solo el 51 % de la **radiación** solar llega a la superficie terrestre. El resto es absorbida o reflejada por la atmósfera.

LOS GASES DEL AIRE

El aire que respiramos es una mezcla de varios gases. El que contiene en mayor cantidad es el nitrógeno, seguido del oxígeno, que necesitamos para vivir.

78 % NITRÓGENO

OXÍGENO ——— 21 %

0,9 % ARGÓN
0,1 % OTROS GASES

IONOSFERA

En esta capa la temperatura alcanza los 1500 °C. A esta altura el aire está muy enrarecido.

EFECTO INVERNADERO

Muchos de los rayos del Sol que alcanzan la Tierra se vuelven a **reflejar** hacia el espacio. Algunos de los gases de la atmósfera pueden atrapar ese calor para que no se pierda en el espacio. Es el efecto invernadero, que mantiene el planeta a una temperatura adecuada para la vida.

-22 °C

Esta sería la temperatura media de la Tierra sin el efecto invernadero.

RAYOS DEL SOL

GASES INVERNADERO

ATMÓSFERA

AURORAS BOREALES

Son espectáculos de luz causados por partículas con carga eléctrica procedentes del espacio que chocan con átomos de gas de la atmósfera.

TROPOSFERA

Los aviones vuelan por la troposfera.

ESTRATOSFERA

La estratosfera contiene la capa de ozono, que protege la Tierra de los rayos más peligrosos del Sol.

SATÉLITES METEOROLÓGICOS
Estudian las condiciones climáticas.

RADIACIÓN SOLAR

EXOSFERA

La exosfera es la capa más exterior de la atmósfera, que se va diluyendo en el espacio. Empieza unos 700 km por encima de la superficie terrestre.

SATÉLITES ARTIFICIALES
Orbitan por la ionosfera, enviando comunicaciones a la Tierra.

METEORITOS
Todos los días millones de pequeñas rocas llamadas meteoritos penetran en nuestra atmósfera desde el espacio. La mayoría de ellos se desintegran antes de alcanzar la superficie.

MESOSFERA

Esta capa se extiende a una altitud de entre 50 y 80 km. Es aquí donde arden los meteoritos; son las estrellas fugaces que vemos.

GLOBOS METEOROLÓGICOS
Los científicos estudian la estratosfera mediante globos meteorológicos.

TROPOSFERA

Contiene el aire que respiramos. La mayor parte de los fenómenos meteorológicos, como la lluvia o los huracanes, los causan fenómenos que ocurren aquí. Es la capa más fina: 12 km de grosor.

El clima

El clima de la Tierra es un sistema siempre cambiante que depende de la energía del Sol. Nuestro clima tiene cinco subsistemas: la **atmósfera**, la biosfera, la hidrosfera, la criosfera y la litosfera. La interacción de estos subsistemas da lugar a distintas zonas climáticas con parecidas condiciones de temperaturas, vientos y lluvias.

LLUVIA
El vapor de agua de la atmósfera se **condensa** y forma las nubes. Cuando las nubes están cargadas, el agua cae en forma de lluvia o nieve.

ATMÓSFERA
Es donde se producen los distintos tipos de fenómenos meteorológicos, como la lluvia, el viento, la **evaporación** del agua y la **humedad**.

EVAPORACIÓN
El calor evapora el agua de los océanos y la eleva a la atmósfera en forma de vapor de agua.

BIOSFERA
Es donde se encuentran todos los **organismos** vivos —animales y plantas— y sus hábitats. Emiten energía hacia la atmósfera.

CALOR

VIENTOS
La circulación de aire frío y caliente en la atmósfera causa los vientos.

CORRIENTES OCEÁNICAS

HIDROSFERA
La componen el conjunto de los cuerpos de agua líquida del planeta: océanos, mares, ríos y lagos.

15 °C

La temperatura media en la superficie de la Tierra.

EL SOL
El Sol proporciona energía a cada subsistema y provoca los cambios.

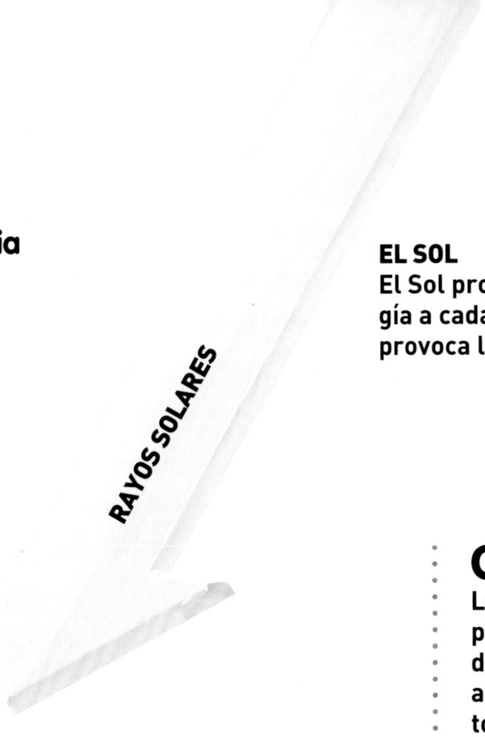

RAYOS SOLARES

LITOSFERA

La litosfera es la capa exterior de la Tierra, formada por los continentes y el fondo oceánico. Los continuos cambios de su superficie afectan al clima.

CRIOSFERA

La criosfera son las partes del planeta cubiertas de hielo o donde la roca o la tierra están a menos de 0 ºC. Refleja casi todos los rayos del Sol de vuelta a la atmósfera.

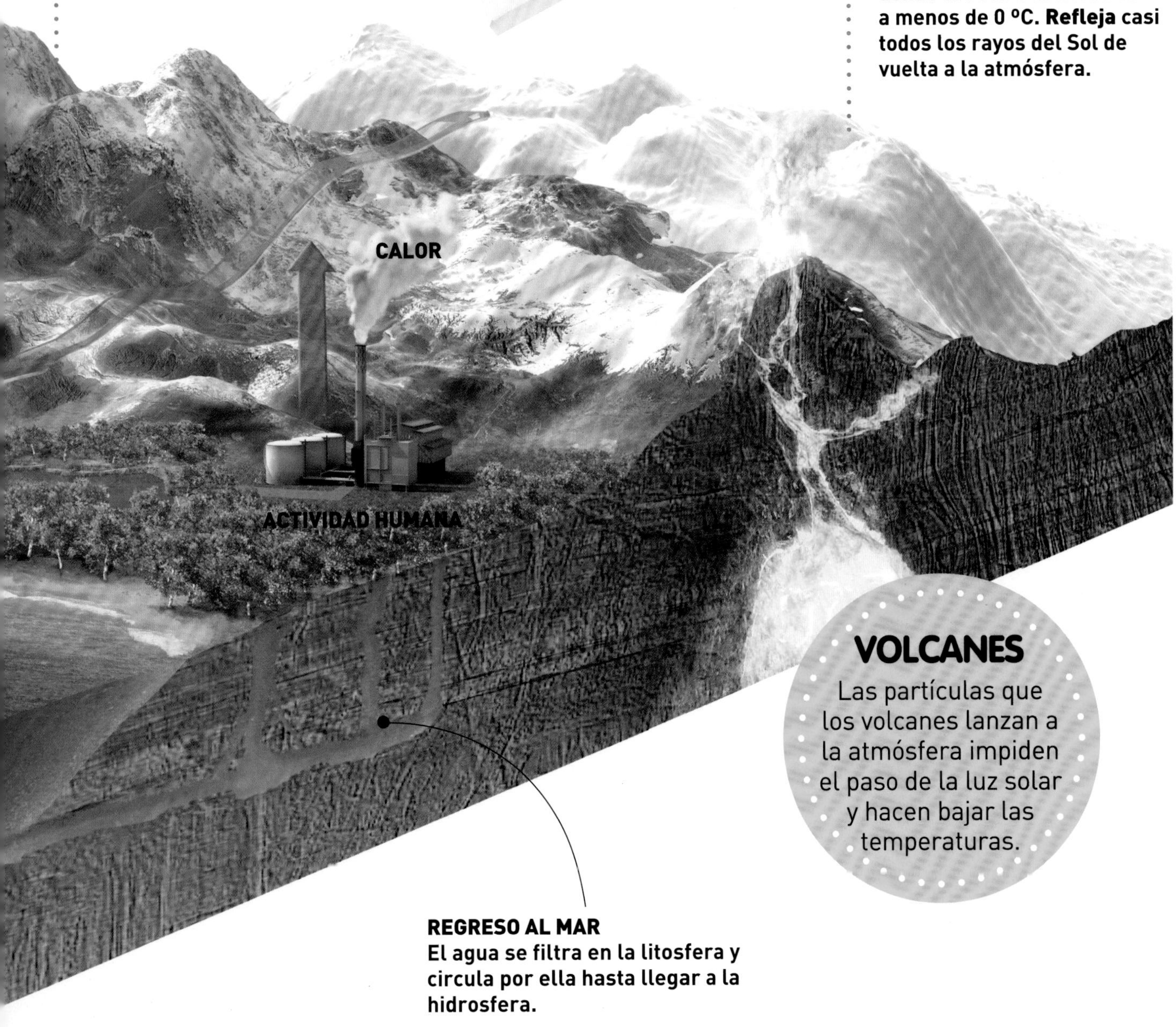

CALOR

ACTIVIDAD HUMANA

VOLCANES

Las partículas que los volcanes lanzan a la atmósfera impiden el paso de la luz solar y hacen bajar las temperaturas.

REGRESO AL MAR
El agua se filtra en la litosfera y circula por ella hasta llegar a la hidrosfera.

El cambio climático

En los últimos años la temperatura media de la Tierra ha ido subiendo lentamente, causando cambios en la climatología. Esto se llama calentamiento global. La actividad humana es la principal causa del calentamiento global. Las fábricas y los automóviles, por ejemplo, queman una gran cantidad de combustible, expulsando **dióxido de carbono** y otros gases llamados gases invernadero, que aumentan el efecto invernadero. Esto significa que más calor solar queda atrapado en la **atmósfera** y la Tierra se calienta.

ACTIVIDAD SOLAR

Casi toda la energía que recibe la Tierra proviene del Sol. La cantidad de energía que llega a la Tierra varía según si el Sol está más o menos activo.

0,5 °C

El aumento de la temperatura por década en los últimos tiempos.

MÁS SECO O MÁS LLUVIOSO

A medida que las temperaturas suben, el clima cambia. Unas regiones se vuelven más secas, mientras que otras pasan a ser más lluviosas. Esto hace que muchos animales y plantas dejen de ser los adecuados para las zonas que habitan.

DIÓXIDO DE CARBONO

El peor gas de efecto invernadero es el dióxido de carbono. La combustión de carbón, petróleo y gas genera dióxido de carbono, que aumenta el efecto invernadero. Las plantas absorben dióxido de carbono y liberan **oxígeno**, pero se talan demasiados árboles para ocupar su espacio. Al crecer la industria y desaparecer bosques, aumenta el nivel de dióxido de carbono en el aire.

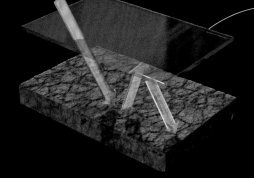

GASES INVERNADERO
Estos gases forman una capa que absorbe parte del calor reflejado por la Tierra.

EL HIELO SE DERRITE

Las altas temperaturas derriten el hielo de los polos. Y como el hielo **refleja** mucho calor, cuanto menos hielo hay, menos calor se vuelve a dispersar en el espacio, y aún se acelera más el calentamiento.

ESPEJO DE HIELO
El hielo refleja la mayor parte del calor que le llega.

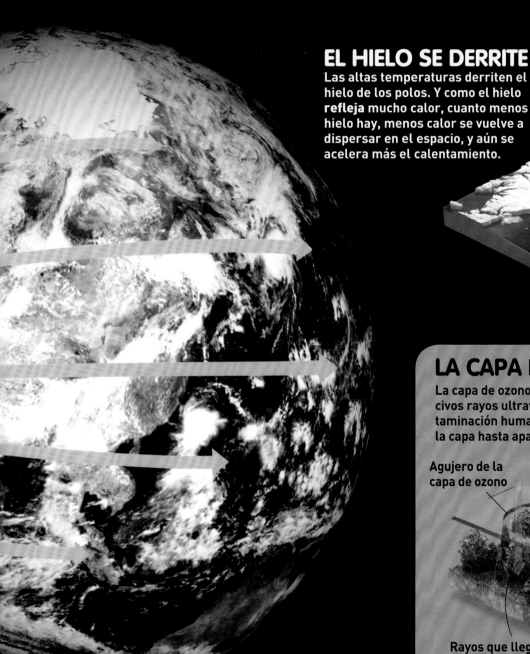

LA CAPA DE OZONO

La capa de ozono nos protege de los nocivos rayos ultravioletas del Sol. La contaminación humana ha hecho adelgazar la capa hasta aparecer un agujero.

Agujero de la capa de ozono

Rayos reflejados por la capa de ozono

Rayos que llegan a la Tierra

MUNDO NATURAL

Existen **organismos** vivos de infinidad de formas y tamaños. Van desde la diminuta **bacteria**, que no se ve a simple vista, hasta árboles gigantes de 100 m de altura. Millones de **especies** diferentes se han desarrollado en miles de millones de años, a lo largo de un proceso llamado **evolución**.

CAZADOR DE INSECTOS
Los camaleones tienen una lengua larga y pegajosa con la que atrapan insectos. Pertenecen a una clase de animales llamados reptiles (ver páginas 54-55).

Los orígenes de la vida

Cuando se formó la Tierra, hace unos 4600 millones de años, era tan caliente como el Sol. Unos 1100 millones de años después, la superficie terrestre se había enfriado y había empezado a aparecer vida. Los primeros **organismos** vivos fueron las **bacterias**, que evolucionaron hacia otras formas de vida. Este proceso, llamado evolución, es la clave de los diferentes tipos de vida que hay en la Tierra.

EMPIEZA LA VIDA

TIERRA
Las rocas más antiguas datan de hace unos 4600 millones de años (mda). Antes la superficie de la Tierra no era sólida.

OXÍGENO
La vida en la Tierra no sería posible sin oxígeno.

FÓSILES
Este fósil contiene algas que vivieron hace 3500 mda.

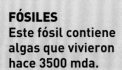

MAWSONITA
Este es el fósil de un animal que vivió en Australia hace 650 mda.

CONCHAS
Las formas de vida del período cámbrico tenían el cuerpo protegido por conchas univalvas o bivalvas.

CRINOIDEOS
Se han hallado fósiles de lirios de mar del período silúrico.

CÁMBRICO
Hace unos 530 mda aparecieron los primeros animales de cuerpo duro.

ANFIBIOS
Los primeros anfibios tenían cuatro patas y cola, y los pies palmados.

4600 mda
La Tierra está formada básicamente de hierro y silicio.

4000 mda
Se forman las primeras masas de tierra.

300 mda
Las masas de tierra se juntan y forman el continente único de Pangea.

200 mda
Los continentes se separan.

| ARCAICO | PROTEROZOICO | CÁMBRICO | ORDOVÍCICO | SILÚRICO | DEVÓNICO | CARBONÍFERO | PÉRMICO |

PRECÁMBRICO 4600-452 mda

ERA PALEOZOICA 542-251 mda

EXTINCIÓN

Los fósiles muestran que la vida en la Tierra es frágil. Muchísimas **especies** se han extinguido. Los dinosaurios se extinguieron tras un brusco cambio de clima hace 65 mda. Es posible que ese cambio climático lo causara el impacto de un meteorito en la Tierra.

DEPREDADOR
El *Giganotosaurus carolinii* era el dinosaurio carnívoro más grande.

DIENTE AFILADO
Este es un diente de tiranosaurio, un gran dinosaurio carnívoro.

CUELLO LARGO
El barosaurio era uno de los dinosaurios con el cuello más largo.

180 mda
África, India y América se separan.

TITANIS
Esta ave gigante no voladora vivió hace 4 mda.

TILACOSMILO
El tilacosmilo se parecía a los actuales felinos. Dominó la Tierra tras la extinción de los dinosaurios.

NUESTROS PARIENTES
En 1856 se encontraron restos de nuestro pariente más cercano, el *Homo neanderthalensis* (derecha).

AUSTRALOPITHECUS AFARENSIS
Vivió hace entre 3,7 y 2,9 mda (arriba). Era mucho más pequeño que el ser humano actual.

60 mda
Los continentes adoptan la disposición actual.

| TRIÁSICO | JURÁSICO | CRETÁCICO | TERCIARIO | CUATERNARIO |

ERA MESOZOICA 251-65 mda **ERA CENOZOICA** 65 mda hasta el presente

Reino vegetal

Existen unas 350 000 **especies** de plantas. Las **plantas producen su propio alimento** a partir de la luz del Sol y una sustancia verde especial llamada clorofila. Este proceso se llama fotosíntesis. La mayoría de las plantas están arraigadas en el suelo.

1 ALGAS VERDES

Algunas algas viven en tierra en ambientes húmedos, sobre los árboles, entre plantas o incluso en montones de basura. Fabrican su propio alimento mediante la fotosíntesis, pero no tienen hojas ni raíces. Ahora solo las algas verdes (izquierda) se incluyen en el reino vegetal. Otros tipos de algas tienen su propio reino.

9550

Los años que tiene el abeto noruego (un tipo de pino) más antiguo, encontrado en Suecia.

2 BRIOFITAS

Las briofitas no tienen tejidos que transporten el agua y los nutrientes por la planta. El musgo (abajo), por ejemplo, es una briofita.

3 SIN SEMILLAS

Las plantas que no tienen semillas **se reproducen** por **esporas**. Las esporas no almacenan alimento. Los helechos (izquierda) son las plantas más conocidas de este grupo.

CLASIFICACIÓN

Casi todas las plantas son plantas que florecen, llamadas angiospermas. Muchas plantas son vasculares, lo que significa que tienen un tejido especial en su interior para el transporte de nutrientes.

Reino vegetal
- Algas verdes

- Plantas no vasculares
  • Briofitas

- Plantas vasculares
  • Plantas sin semillas
  • Plantas con semillas
    - Angiospermas
      (plantas que florecen)
    - Gimnospermas

SENSIBLES
Las flores del azafrán se abren o se cierran en función de la temperatura.

4 ANGIOSPERMAS

Son las plantas que producen semillas, flores y frutos. Hay angiospermas en todos los continentes excepto la Antártida. Se reproducen mediante las flores, que maduran y forman frutos con semillas. Las hay muy distintas. Entre ellas están la rosa, la orquídea (arriba), el trigo, el arbusto del café y el roble.

HONGOS

Los hongos, como las setas y el moho, no son plantas, sino que tienen su propio reino. No tienen clorofila con que fabricar su alimento. Se alimentan de animales y otras plantas, vivas o muertas.

5 GIMNOSPERMAS

Son plantas que producen semillas pero no flores. Las coníferas son un ejemplo de gimnospermas. Incluyen el pino (abajo) y árboles como el ciprés, el alerce y la araucaria.

Plantas de tierra

Las primeras plantas vivían en el agua. En el transcurso de millones de años algunas de ellas fueron cambiando y pudieron invadir la tierra, donde se instalaron en los sitios con humedad. Los cambios de su estructura evitaron que perdieran agua, y podían aprovechar la energía del Sol con más eficacia que las plantas de agua. Las plantas de tierra aparecieron en el planeta hace unos 450 millones de años.

HONGOS
Los hongos viven junto a plantas de tierra, alimentándose de ellas o combinándose con algas para formar líquenes.

HELECHOS
Los helechos pueden medir hasta 25 metros. Viven en lugares húmedos y umbríos.

MUY ALTAS
Las secuoyas gigantes son los árboles más altos del mundo. Alcanzan los 108 metros.

EPIFITAS
Estas plantas cre-
cen sobre otras,
sin echar raíces
en el suelo.

ÁRBOLES
La corteza leñosa de los
árboles les da robustez
y a algunos les permite
llegar a los 100 metros
de altura.

FLORES
Los colores de las
plantas con flor
atraen a pájaros e
insectos.

CONQUISTAR LA TIERRA
Las raíces permiten a las plantas crecer por
encima del suelo. Fijan la planta y extraen
agua y **minerales** de la tierra.

La cutícula es una capa impermeable que
protege a las plantas del viento y del sol. Diminutos orificios llamados estomas se abren
y cierran para regular la pérdida de agua.

MUSGOS
Están entre las
plantas de tierra
más simples.

60 cm
Lo que pueden llegar a
crecer ciertas especies
de bambú en un solo
día. Son las plantas de
crecimiento más rápido.

Fotosíntesis

Las plantas pueden vivir de sustancias que no son vegetales ni animales. El proceso que lo permite se llama fotosíntesis y se lleva a cabo mediante una sustancia verde llamada clorofila. La fotosíntesis es crucial para la vida en la Tierra, porque casi todos los seres vivos dependen de las plantas como fuente de energía.

HOJAS
Las hojas de las plantas están adaptadas para la fotosíntesis. Las hojas necesitan un constante suministro de agua, que les llega por la raíz y los tallos.

TEJIDOS
Las **células** de las plantas absorben **dióxido de carbono** del aire. Durante la fotosíntesis, lo transforman en azúcares y emiten **oxígeno**.

VERDOR
La clorofila les da a las plantas su color verde. Con la energía del Sol, las plantas convierten materia inorgánica (por ejemplo, **minerales**) en materia orgánica, que las alimenta y las hace crecer.

CUTÍCULA

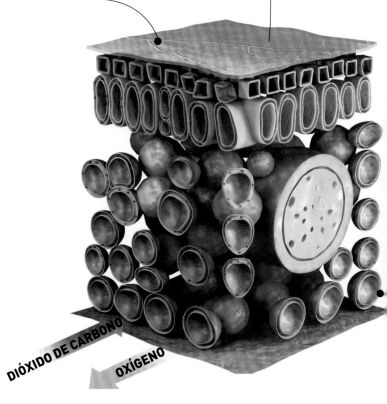

DIÓXIDO DE CARBONO

OXÍGENO

190 400

Los millones de tone-
ladas de carbono que
las plantas de todo el
mundo transforman en
energía año tras año.

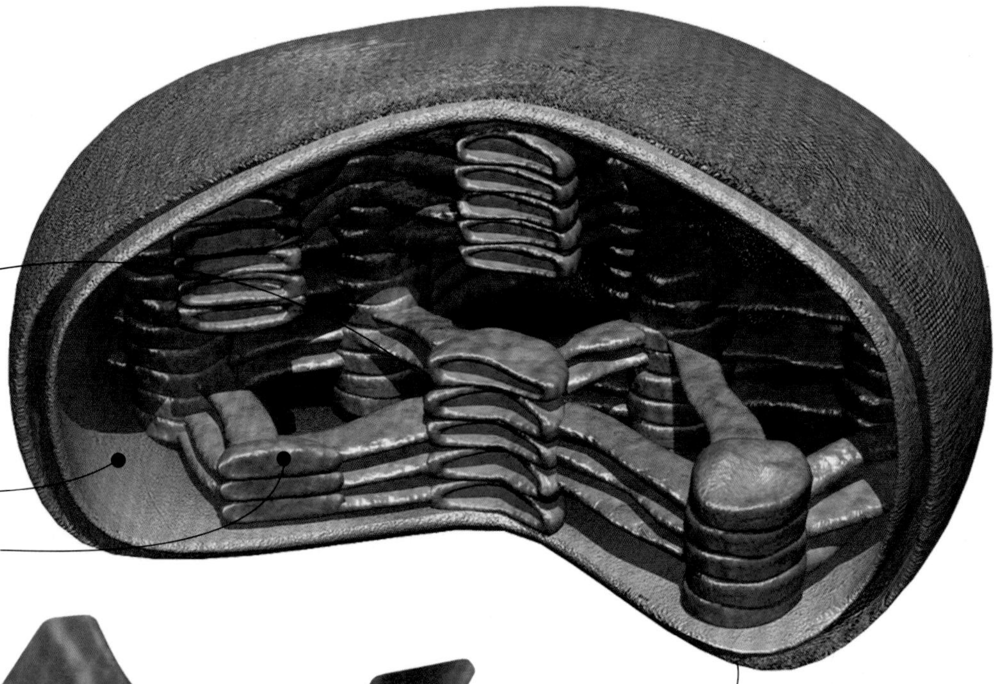

**GRANA
(MONTÓN DE TILACOIDES)**

ESTROMA

TILACOIDE

**MEMBRANA
CELULAR**

**PARED
CELULAR**

VACUOLA

CLOROPLASTO
Aquí es donde se realiza la
fotosíntesis. Un cloroplasto
contiene un estroma que
tiene unas bolsas llamadas
tilacoides. La clorofila se encuentra en los tilacoides.

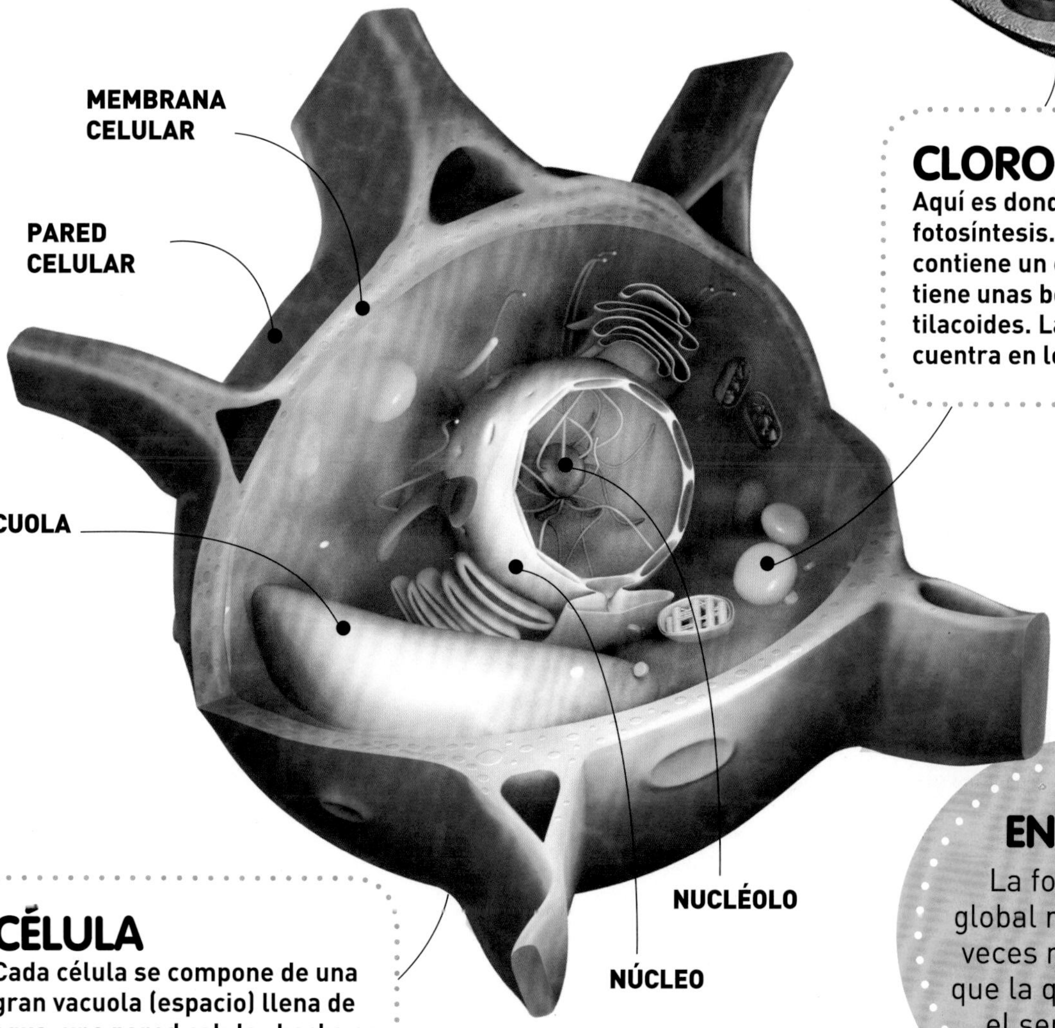

NUCLÉOLO

NÚCLEO

CÉLULA
Cada célula se compone de una
gran vacuola (espacio) llena de
agua, una pared celular hecha en
parte de celulosa y cloroplastos.

ENERGÍA
La fotosíntesis
global requiere seis
veces más energía
que la que consume
el ser humano.

Invertebrados

Los animales que no tienen columna vertebral se llaman invertebrados. Son el grupo más numeroso del reino animal: 98 de cada 100 **especies** animales son invertebrados. En total, se han identificado más de 1,5 millones de especies. Pueden variar mucho en forma y tamaño, desde el zooplancton, de unos milímetros, hasta el calamar gigante, de más de 10 m de largo.

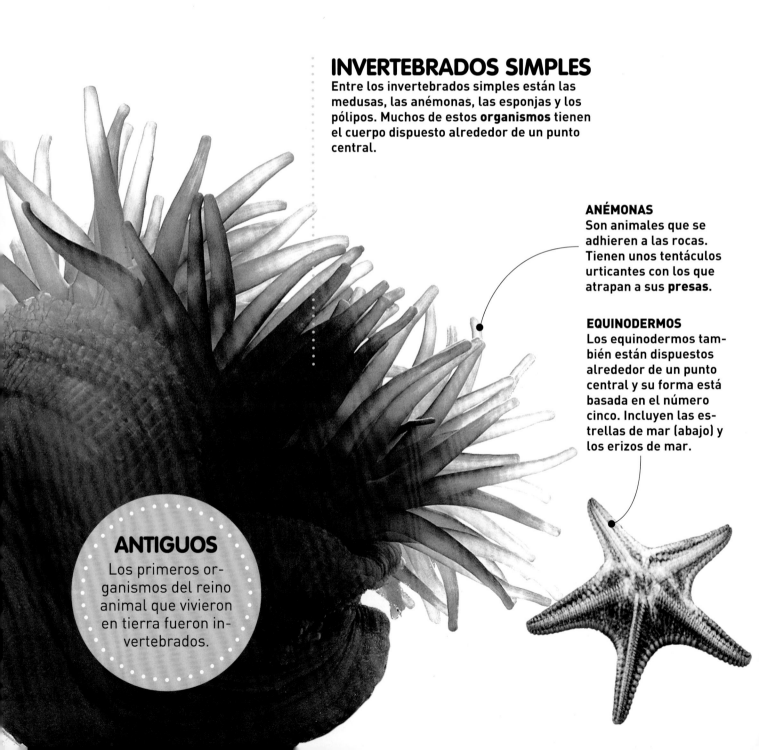

INVERTEBRADOS SIMPLES

Entre los invertebrados simples están las medusas, las anémonas, las esponjas y los pólipos. Muchos de estos **organismos** tienen el cuerpo dispuesto alrededor de un punto central.

ANÉMONAS

Son animales que se adhieren a las rocas. Tienen unos tentáculos urticantes con los que atrapan a sus **presas**.

EQUINODERMOS

Los equinodermos también están dispuestos alrededor de un punto central y su forma está basada en el número cinco. Incluyen las estrellas de mar (abajo) y los erizos de mar.

ANTIGUOS

Los primeros organismos del reino animal que vivieron en tierra fueron invertebrados.

CEFALÓPODOS
Son moluscos que
no tienen concha.
Entre ellos están el
pulpo, el calamar y
la sepia (derecha).

BIVALVOS
Son moluscos cuya
concha se compone
de dos partes, lla-
madas valvas. Son
bivalvos los meji-
llones, las almejas
y las ostras.

MOLUSCOS

Los moluscos son animales de
cuerpo blando y sin articulacio-
nes. Muchos moluscos tienen un
caparazón exterior duro, llamado
concha. Suelen vivir en el agua y
en el grupo están los caracoles,
los mejillones y los pulpos.

18 m
La longitud que puede
alcanzar el calamar
gigante.

ARTRÓPODOS

La mayoría de los invertebrados son
artrópodos. Tienen patas articuladas
y un esqueleto exterior. Entre ellos
están los insectos, los crustáceos,
los miriápodos y las arañas.

MIRIÁPODOS
Estos artrópodos
tienen muchas patas,
como los ciempiés y
los milpiés.

CRUSTÁCEOS
Tienen dos pares de an-
tenas y las patas unidas
al abdomen. Entre los
crustáceos están los can-
grejos y las langostas.

INSECTOS
Todos los insectos
tienen tres pares de
patas y un par de
antenas. Algunos
también tienen alas.

Reptiles

Los reptiles son vertebrados de cuerpo escamoso y piel impermeable. Se reproducen por huevos. Son de **sangre fría**, lo que significa que necesitan la energía del Sol para mantener la sangre caliente. Viven en casi cualquier **hábitat** del planeta excepto en la Antártida, tanto en agua como en tierra.

COLOR
Los reptiles suelen ser de color verde o pardo, que les sirve para camuflarse, aunque exhiben colores vivos durante el cortejo y la defensa.

ORIGEN
Los reptiles aparecieron hace más de 300 millones de años. Evolucionaron a partir de los primitivos anfibios.

COCODRILOS Y CAIMANES
Son reptiles antiguos de cuatro patas y pueden llegar a ser enormes. Pasan la mayor parte del tiempo en el agua. La mayoría de las **especies** viven en ríos o lagos, pero también existen cocodrilos de agua salada.

RESPIRACIÓN
Los reptiles tienen pulmones y respiran aire. Algunos pueden permanecer largo rato bajo el agua sin respirar.

ESCAMAS
Las escamas de los reptiles están hechas de una sustancia llamada queratina, como nuestras uñas.

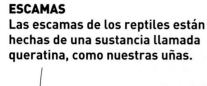

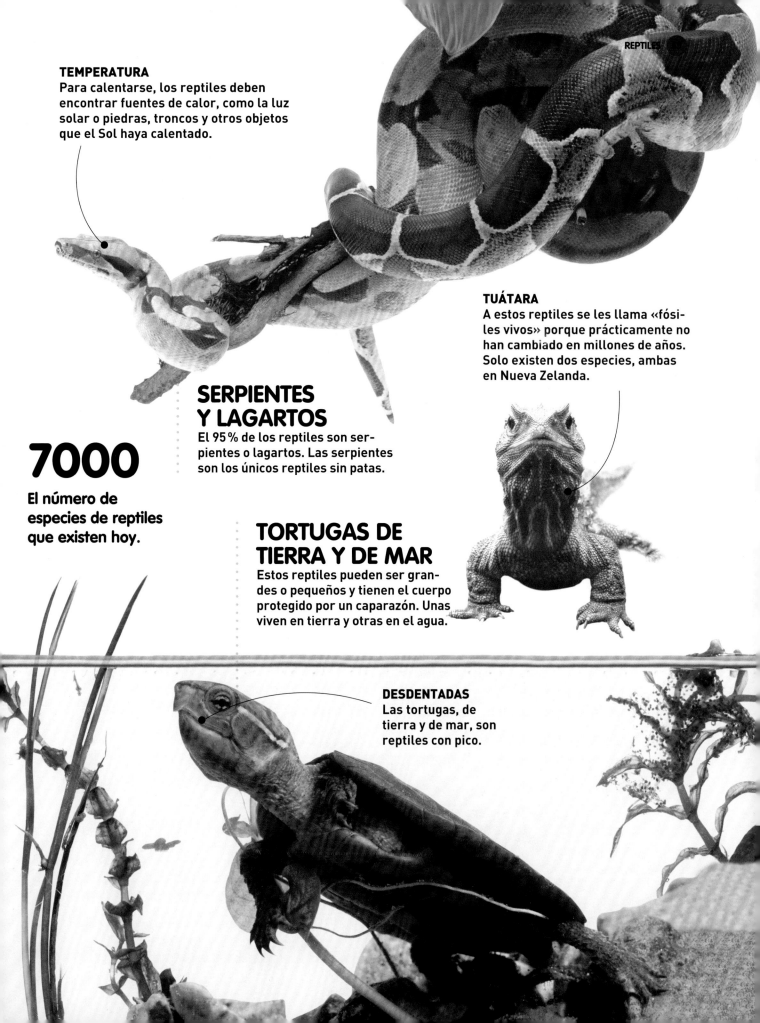

TEMPERATURA
Para calentarse, los reptiles deben encontrar fuentes de calor, como la luz solar o piedras, troncos y otros objetos que el Sol haya calentado.

TUÁTARA
A estos reptiles se les llama «fósiles vivos» porque prácticamente no han cambiado en millones de años. Solo existen dos especies, ambas en Nueva Zelanda.

SERPIENTES Y LAGARTOS
El 95 % de los reptiles son serpientes o lagartos. Las serpientes son los únicos reptiles sin patas.

7000
El número de especies de reptiles que existen hoy.

TORTUGAS DE TIERRA Y DE MAR
Estos reptiles pueden ser grandes o pequeños y tienen el cuerpo protegido por un caparazón. Unas viven en tierra y otras en el agua.

DESDENTADAS
Las tortugas, de tierra y de mar, son reptiles con pico.

Cocodrílidos

Son cocodrílidos los cocodrilos, los caimanes y los gaviales. Todos son excelentes nadadores y tienen los ojos y la nariz en la parte superior de la cabeza para poder respirar sin salir del agua. Viven en zonas tropicales de Asia, África, América del Norte y del Sur y Australia. Se encuentran principalmente en ríos, pero algunos cocodrilos viven en el mar. Son cazadores temibles.

DIENTES
Con los dientes, atrapan e inmovilizan a sus **presas.**

GAVIALES
Estos reptiles están adaptados para cazar peces. Tienen un hocico largo y estrecho y dientes pequeños y afilados. Viven en los pantanos y ríos de Asia.

COLA
La poderosa cola les ayuda a nadar y a saltar.

DIENTES NUEVOS
Cuando un cocodrilo pierde un diente en la caza, le sale otro nuevo.

CÓMO SE DESPLAZAN
Los cocodrilos son muy buenos nadadores, pero también andan y saltan. Cuando se sienten amenazados, corren a velocidades de hasta 15 km/h.

EN EL AGUA
Cuando nadan se impulsan con la cola.

EN TIERRA
Para correr levantan el cuerpo y se sostienen en las patas ligeramente dobladas.

CAIMANES

Los caimanes son muy parecidos a los cocodrilos, pero más pequeños y de hocico más corto y más ancho. Viven sobre todo en los ríos y las marismas de América Central y del Sur. Ponen los huevos en nidos hechos con hierba, lodo y hojas.

PATAS
Cuando andan por fuera del agua, arrastran el vientre por el suelo.

COCODRILOS

Los cocodrilos son grandes y feroces. Hay **especies** que miden más de 6 m de largo. Atrapan a sus presas por sorpresa, las sujetan con sus poderosas mandíbulas y las arrastran bajo el agua para ahogarlas antes de sacudirlas a uno y otro lado para partirlas en trozos.

VENTANAS NASALES
Las cierran antes de sumergirse en el agua.

OJOS
Pueden calcular a qué distancia está una presa. Cuando se zambullen, una membrana transparente les recubre los ojos.

1 HORA

El tiempo que un cocodrilo del Nilo puede permanecer sumergido.

DIENTES
Los cocodrilos tienen entre 64 y 68 dientes. El cuarto de la mandíbula inferior sobresale cuando cierran la boca.

BOCA
En la parte de atrás de la boca tienen una fina piel que evita que traguen agua.

Vida marina

Los océanos son el **hábitat** más grande de la Tierra: en ellos viven muchas **especies**. Las formas y tamaños de las especies cambian según las condiciones de la región oceánica y los alimentos que en ella se encuentran.

HASTA 500 M
En esta zona hay luz suficiente como para que, de día, los animales puedan ver.

TEMPERATURA

La temperatura del agua es un factor esencial para saber qué especies puede haber en cada zona. Los océanos del planeta se reparten en cinco zonas climáticas básicas (derecha).

HASTA 4000 M
Ya no hay luz suficiente para la vida vegetal y no abunda el alimento.

☐ **ECUATORIAL** ☐ **TROPICAL** ☐ **SUBTROPICAL**
☐ **TEMPLADA** ☐ **POLAR**

ESPECIES ENDÉMICAS

Son especies que solo viven en una región muy determinada. Por ejemplo, el pez globo solo se encuentra en las aguas tropicales del océano Atlántico.

MÁS DE 6000 M
A esta profundidad el agua está extremadamente fría.

CAPA SUPERFICIAL
Esta es la zona más cálida y donde hay más alimento. Hay luz suficiente para que crezcan plantas.

LUZ PROPIA
Algunos animales emiten una luz verdosa que les sirve para atraer **presas** o sorprender a posibles enemigos.

HASTA 6000 M
No hay luz, el agua es muy fría y casi no hay alimento.

ZONAS OCEÁNICAS
La vida en los océanos puede agruparse en distintas capas según la profundidad del agua. Cuanto más abajo, más difícil es que puedan vivir animales: cada vez hay menos luz y hace más frío.

80
El número de especies marinas en peligro de extinción.

Peces raros

El cuerpo de todos los peces es muy similar por dentro, como sus funciones básicas, pero por fuera pueden ser muy diferentes. Y los hay de aspecto francamente extraño. Esto se debe a que las **especies** se adaptan para sobrevivir en su propio ambiente concreto.

PEZ DARDO
Pequeño y de vivos colores, el pez dardo se llama así por la forma de su aleta dorsal.

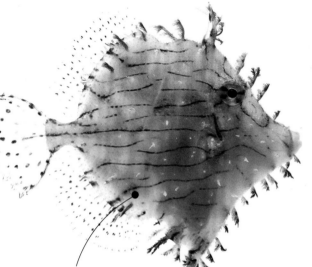

PEZ LIJA TENTACULADO
A este pez le sobresalen una especie de tentáculos por todo el cuerpo.

PECES MUY RAROS

Hay peces que son inusuales porque existen muy pocos ejemplares vivos, otros porque tienen una forma extraña y otros porque nos son desconocidos. El tiburón de boca ancha encaja en los tres grupos. Se vio por primera vez en 1976 y desde entonces solo se han visto 40. Está emparentado con el tiburón ballena y se alimenta de plancton. Se llama así porque tiene una boca enorme.

PEZ TROMPETA
Está emparentado con el caballito de mar.

10

El número de veces que el ceratioido macho es más pequeño que la hembra. Los diminutos machos viven pegados a las hembras.

CERATIOIDO ROSA
Más que nadar, este pez se arrastra por el lecho marino.

PEZ ESCORPIÓN
Es un pez venenoso cuyo **camuflaje** le permite ocultarse en el lecho marino.

PEZ CUCHILLO
Este pez vive en los ríos de Asia. Se le llama así por su alargada aleta anal.

CORIS AYGULA
Las crías de este pez tienen en el cuerpo puntos en forma de ojos para confundir a los **depredadores**.

PEZ ÁNGEL
La extraña forma del pez ángel, de agua dulce, le permite ir por entre las plantas sin ser visto.

OÍDO
Los peces tienen **órgano** del oído pero no orejas, aunque algunos tienen unas protuberancias que lo parecen.

Anfibios

Existen unas 6000 especies de anfibios: ranas, sapos, salamandras, tritones y cecílidos. Son vertebrados, lo que significa que tienen columna vertebral. De jóvenes los anfibios viven en el agua, pero de adultos viven en tierra.

SONIDOS

Los machos de las ranas y los sapos pueden emitir sonidos mucho más fuertes que las hembras. Para hacerlo **hinchan** los sacos que tienen al lado de la laringe.

ANATOMÍA

En estado de larva (renacuajos en el caso de ranas y sapos), los anfibios viven en el agua y respiran por agallas externas. De adultos desarrollan unos pulmones simples pero respiran sobre todo por la piel, que absorbe **el oxígeno disuelto** en el agua.

ARCAICO

La salamandra gigante del Japón es el anfibio más antiguo y el segundo más grande. Puede vivir 55 años.

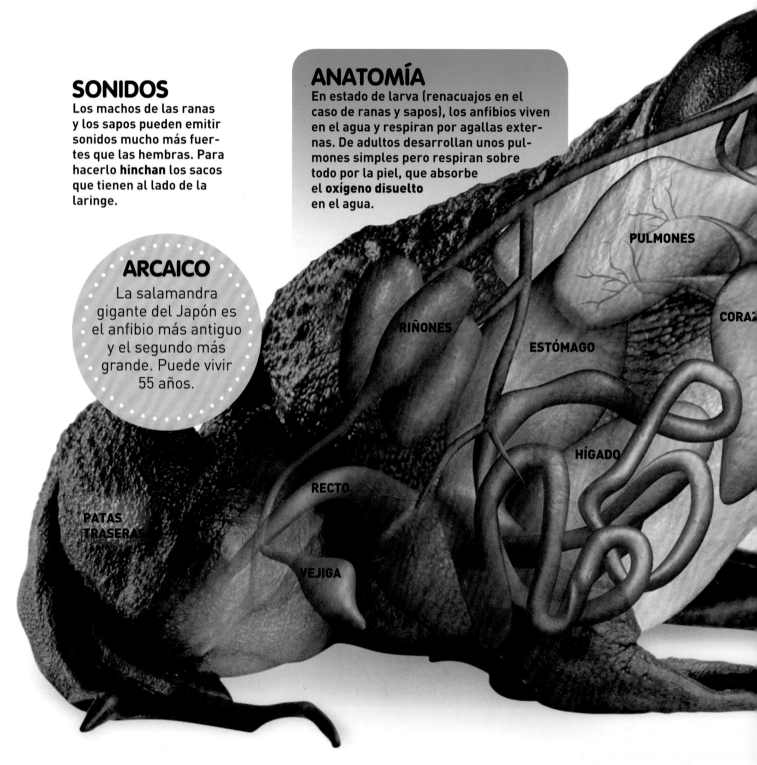

PULMONES

CORAZ

RIÑONES

ESTÓMAGO

HÍGADO

RECTO

PATAS TRASERAS

VEJIGA

DIETA

De adultos los anfibios se alimentan sobre todo de animales pequeños, como arañas, orugas, moscas y cucarachas. Tienen una lengua larga y pegajosa que les ayuda a atrapar a sus **presas**.

SACO
VOCAL

180 cm

La longitud de la salamandra china gigante, el anfibio más grande del mundo. Hoy día está en grave peligro de extinción.

CLASIFICACIÓN

Los anfibios se dividen en tres órdenes:

1 Anuros
De adultos no tienen cola, como las ranas y los sapos.

2 Urodelos
Incluyen las salamandras y los tritones, que tienen cola toda su vida.

3 Ápodos
No tienen patas ni cola: parecen gusanos.

1 RANA ARBORÍCOLA EUROPEA
Suele vivir cerca de las personas.

2 SALAMANDRA TIGRE
Uno de los anfibios más llamativos.

3 CECÍLIDO ANILLADO
Parece un gusano grande y grueso.

Aves

Las aves tienen el cuerpo cubierto de plumas y un pico sin dientes. Sus alas son unos brazos adaptados al vuelo, aunque algunas aves ya no pueden volar. Son animales de **sangre caliente**. Se **reproducen** por huevos.

LISTAS PARA VOLAR
La forma del cuerpo y las plumas permiten al ave permanecer en el aire y volar. Los pájaros tienen unos músculos fuertes y unos huesos ligeros, huecos y llenos de aire.

VARIEDAD
Se encuentran aves en muchos **hábitats**, en tierra, mar y aire. Unas, como el colibrí, son muy pequeñas, y otras, como el avestruz, muy grandes. El avestruz es el ave más grande de todas.

PINGÜINO
Puede sobrevivir en la Antártida a temperaturas de -60 °C.

ALAS
En vuelo, los pájaros se sostienen en el aire, avanzan y cambian de dirección gracias a las alas. Las plumas de las alas son especiales para que puedan hacerlo.

COLIBRÍ
Peso: de 6 a 8,5 g

AVESTRUZ
Peso: 125 kg

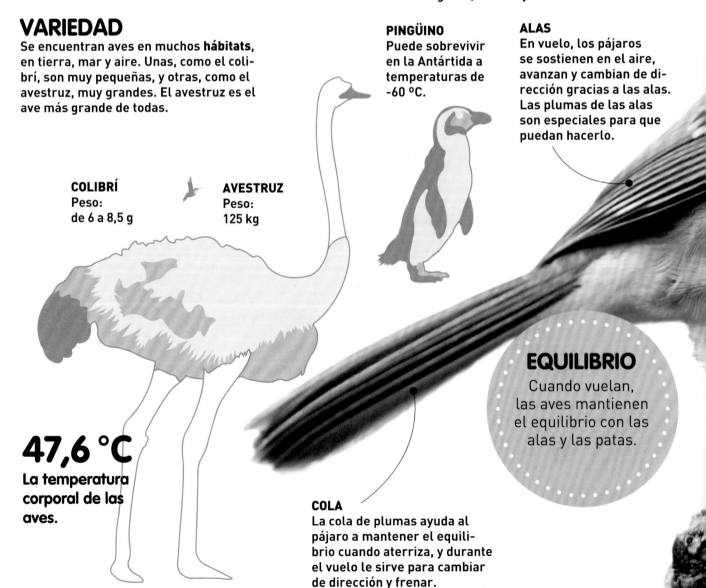

47,6 °C
La temperatura corporal de las aves.

EQUILIBRIO
Cuando vuelan, las aves mantienen el equilibrio con las alas y las patas.

COLA
La cola de plumas ayuda al pájaro a mantener el equilibrio cuando aterriza, y durante el vuelo le sirve para cambiar de dirección y frenar.

VISTA Y OÍDO
Las aves tienen muy buena vista y un sentido del oído muy desarrollado.

PICO
Al igual que las garras y las plumas, al ave le crece el pico durante toda su vida.

PECHO

9600
Es el número de especies de aves.

GARRAS
Los pájaros suelen tener tres dedos que apuntan hacia delante y uno hacia atrás.

IDENTIFICACIÓN
Las aves se pueden identificar observando las diferencias de plumas y piel, y por la forma del pico. Las siguientes características ayudan a reconocerlas:

ANILLO ALREDEDOR DEL OJO

MANCHITA DETRÁS DEL OJO

MÁSCARA

ANTEOJOS

SOMBRERO

COLORES DE LA CARA

El ave en vuelo

La mayoría de las aves simplemente agitan las alas, pero algunas alternan el aleteo con el planeo. Batir las alas gasta mucha energía, y las aves han adaptado su vuelo a su tamaño y necesidades. Las aves más grandes baten las alas con más fuerza pero con más lentitud.

VUELO

Las aves no vuelan solo para desplazarse, sino también para escapar de **depredadores**, atrapar **presas** y cortejar.

PLANEO

Cuando planea, el ave ahorra energía porque aprovecha el viento para volar sin necesidad de aletear: se eleva empujada por corrientes ascendentes, gana altura y baja planeando hasta que otra corriente vuelve a remontarla.

DESPEGUE
Con un par de aleteos, el ave ya está en vuelo.

ELEVACIÓN
El ángulo de las alas y el viento permiten al ave ascender.

PLANEO
Al planear, el ave desciende poco a poco.

VUELO ONDEANTE

En esta forma de vuelo, el ave bate las alas para ganar altura y después las pliega y se deja caer. Vuelve a aletear aprovechando la fuerza ganada al caer, y vuelve a ascender.

ASCENSO
El ave agita las alas.

DESCENSO
Mantiene las alas plegadas junto al cuerpo.

BANDADAS

Volar en grupo es una forma de ahorrar energía. El ave que va al frente abre un camino en el aire para que al resto les resulte más fácil. Normalmente las bandadas de aves vuelan en formación «en L», como los pelícanos, o «en V», como los gansos.

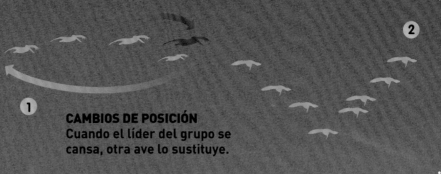

1

2

CAMBIOS DE POSICIÓN
Cuando el líder del grupo se cansa, otra ave lo sustituye.

BATIR LAS ALAS

Cuando un ave vuela por el aire, es como si remara con las alas. Con cada nuevo impulso, las alas sostienen al animal en el aire y lo empujan hacia delante.

BAJAR LAS ALAS
Cuando baja las alas, las plumas se cierran.

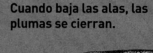

GANANCIA DE FUERZA
Poniendo las alas hacia atrás, obtiene la fuerza para levantarlas.

ALZAR LAS ALAS
De abajo arriba, las plumas del extremo de las alas se separan.

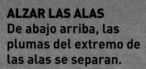

50 km/h

La velocidad media de un pelícano en vuelo cuando no hay viento.

EL BATIR DE ALAS MÁS RÁPIDO

Los colibríes solo vuelan aleteando. No planean. Un colibrí puede permanecer en el mismo sitio aleteando muy deprisa. Algunas **especies** baten las alas hasta 70 veces por segundo. Los colibríes son los únicos pájaros que pueden volar hacia atrás.

1

2

3

Aves que no vuelan

Ciertas **especies** de aves no pueden volar. Unas pesan demasiado como para levantar el vuelo, y otras han perdido las alas o las tienen demasiado pequeñas. Algunas todavía tienen unas alas grandes, pero ya no les sirven para volar. Las aves no voladoras se dividen entre las que viven en tierra (terrestres) y las que nadan (acuáticas).

AVES ACUÁTICAS

Los pingüinos son aves no voladoras acuáticas. Sus alas se han convertido en una especie de aletas con las que nadan muy deprisa y con gran agilidad.

ALAS
Estas alas tienen unos huesos macizos que se hunden con más facilidad que los huecos.

72 km/h
La velocidad máxima a la que puede correr un avestruz.

NADADORES

Los pies de los pingüinos tienen cuatro dedos palmados que apuntan hacia atrás. Con esos dedos, las alas y la cola, nadan y cambian de dirección con rapidez.

ZAMBULLIDA
Las alas funcionan como aletas. Los pies y la cola hacen de timón.

RESPIRACIÓN
Entre zambullidas, el pingüino tiene que saltar fuera del agua para respirar.

DESCANSO
Cuando descansa, nada despacio, moviendo las alas y las patas.

VUELAN MAL

Existen unas 260 especies de aves, entre ellas las gallinas, que solo hacen unos vuelos muy cortos. Estas aves andan, corren y escarban la tierra con las patas.

① Corre y salta.

② Aletea deprisa, con torpeza.

③ Aterrizaje forzoso.

CORRER

Muchas aves terrestres corren a gran velocidad con sus fuertes patas para huir de un **depredador** o atrapar una **presa**.

HUESOS DE LOS DEDOS

CORREDORAS

Las ratites forman un grupo de aves terrestres que son veloces corredoras. Sus alas son pequeñas y no les sirven para volar, pero han desarrollado unas fuertes patas con las que caminan.

AVESTRUZ
Ave grande, corre manteniendo el equilibrio con las alas.

KIWI
El kiwi tiene unas alas diminutas, difíciles de ver bajo sus plumas.

CASUARIO
Es un ave grande, con patas fuertes y bien desarrolladas.

ÑANDÚ
Con largas patas y buena visión, es un diestro cazador.

Mamíferos

Los mamíferos son animales vertebrados de **sangre caliente**. Tienen el cuerpo cubierto de pelo, respiran por pulmones y su temperatura corporal es constante. Las hembras producen leche con la que alimentan a sus crías. Los mamíferos son muy adaptables y pueden vivir en distintos hábitats de todo el mundo.

LECHE MATERNA
Después de nacer, las crías se alimentan de la leche de su madre.

DIENTES
Los primeros que les salen son los **dientes de leche**. La mayoría de los mamíferos los cambian al hacerse adultos.

PELO
Casi todos los mamíferos tienen el cuerpo cubierto de pelo. Los marinos, como los cetáceos, son los únicos que no tienen, aunque a veces las crías nacen peludas.

TEMPERATURA CONSTANTE

Los mamíferos son animales de sangre caliente, es decir, cuyo cuerpo se mantiene a una temperatura constante. Las excepciones son **especies** como el oso, cuya temperatura corporal desciende cuando, en invierno, está en estado de hibernación.

EXTREMIDADES

Los mamíferos tienen cuatro extremidades. La mayoría las usan para andar por el suelo, pero los mamíferos marinos las tienen adaptadas al agua, y los murciélagos, al vuelo: son sus alas.

REPRODUCCIÓN

Los mamíferos se dividen en tres grupos según su manera de **reproducirse**.

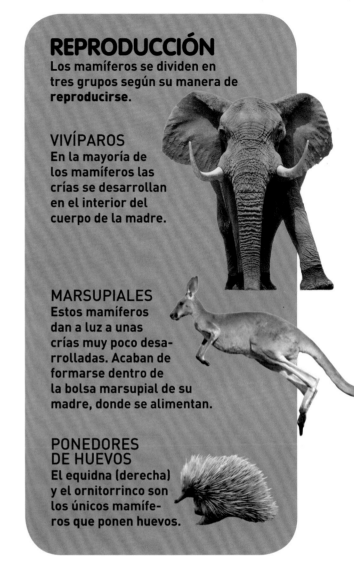

VIVÍPAROS

En la mayoría de los mamíferos las crías se desarrollan en el interior del cuerpo de la madre.

MARSUPIALES

Estos mamíferos dan a luz a unas crías muy poco desarrolladas. Acaban de formarse dentro de la bolsa marsupial de su madre, donde se alimentan.

PONEDORES DE HUEVOS

El equidna (derecha) y el ornitorrinco son los únicos mamíferos que ponen huevos.

MÁS DE 5000

Las especies de mamíferos que existen.

HUMANOS

El hombre pertenece a un grupo de mamíferos llamado primates, que incluye a los gorilas (izquierda) y a los monos.

Ciclo vital del mamífero

Todos los animales pasan por los mismos estadios básicos en su **ciclo vital**: nacen, crecen, **se reproducen** y mueren. Entre los mamíferos hay diferencias en el tipo de reproducción, la duración de la gestación, el tiempo en que la madre amamanta a las crías y los años que vive el animal, pero el ciclo vital siempre es el mismo.

LISTO PARA CRIAR
Un conejo está preparado para reproducirse a los 5-7 meses, y un camello a los 3-5 años.

VIVÍPAROS
Los **órganos** vitales de las crías se desarrollan en el interior del cuerpo de la madre.

90 AÑOS
La edad que alcanzan algunas especies de ballena.

PRODUCEN LECHE
Las crías de los mamíferos se alimentan solo de la leche de su madre hasta que se han desarrollado lo suficiente como para **digerir** alimentos sólidos.

NÚMERO DE CRÍAS
En general, cuanto más grande es el animal, menos crías pare de una vez.

Vaca
1

Cabra
2-3
cabritillos

Perra
3-8
cachorros

Rata
6-12
crías

CRÍAS
Las conejas paren 3-9 crías tras cada gestación, y pueden tener más de cinco camadas en un año.

DURACIÓN DE LA GESTACIÓN

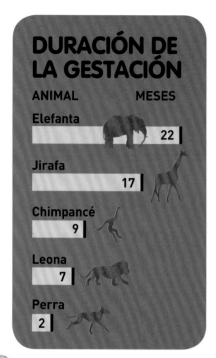

ANIMAL	MESES
Elefanta	22
Jirafa	17
Chimpancé	9
Leona	7
Perra	2

DESPLAZAMIENTOS
De pequeña, la cría de koala va a todas partes con su madre de un sitio a otro, agarrada a sus hombros.

EN EL SACO MARSUPIAL
Al nacer, la cría del marsupial vive en el saco de su madre, donde mama su leche.

GESTACIÓN
O embarazo: es el tiempo que la cría tarda en formarse en el útero materno. En el caso de las conejas son 29-33 días, mientras que en el de las elefantas son 22 meses.

MARSUPIALES
En los marsupiales el embarazo dura solo de 9 a 35 días, según la especie. Después de nacer, las crías se desarrollan en el interior del saco marsupial de la madre, un pliegue de piel situado en la parte frontal de su cuerpo.

HUMANOS
Los humanos pertenecemos al grupo de los mamíferos vivíparos.

MONOTREMAS
Los monotremas son mamíferos que ponen huevos. Un equidna tarda 12 días en incubarlos. Tras la eclosión del huevo, la cría de equidna pasa los 50 días siguientes en el saco marsupial de su madre.

Desplazamientos y velocidad

Cada mamífero está especialmente adaptado al **hábitat** en el que vive. La forma en que un animal se desplaza es esencial para su supervivencia. Unos mamíferos escalan, otros se deslizan o nadan y otros, como el guepardo, corren a gran velocidad.

SALTOS
Mamíferos como los canguros y las cabras montesas pueden dar grandes saltos.

VELOCIDADES MÁXIMAS
La velocidad máxima de un mamífero depende de la especie.

| 2 km/h Perezoso | 30 km/h Elefante | 40 km/h Ser humano | 40 km/h Cachalote | 64 km/h Gato | 67 km/h Caballo | 75 km/h Liebre | 114 km/h Guepardo |

ARDILLA VOLADORA
Estas ardillas se lanzan de un árbol a otro y despliegan una fina membrana de piel que les permite planear por el aire.

EL MÁS RÁPIDO
El cuerpo del guepardo tiene una forma que le permite atrapar a su **presa** tras una persecución corta y rápida: es muy esbelto, se alarga cuando corre, y sus patas son más largas que las de otros felinos.

114 km/h
La velocidad máxima que alcanza un guepardo.

BUENOS NADADORES
Los delfines y las ballenas son excelentes nadadores. Mueven la aleta caudal arriba y abajo para impulsarse, y cambian de dirección con las aletas delanteras.

EL MÁS LENTO
El perezoso es el mamífero que se mueve más despacio. Se pasa la mayor parte del día colgado de una rama de árbol. Cuando se decide a moverse, su velocidad máxima es de 2 km/h. Sus grandes garras le permiten subir a las copas de los árboles.

Mamíferos en peligro

Los científicos creen que en los próximos 30 años casi una cuarta parte de las **especies** de mamíferos que hoy viven desaparecerán y se extinguirán.

15%

El porcentaje de especies europeas de mamíferos que están en peligro de extinción.

PANDA GIGANTE
El panda gigante, que vive en el sur de China, está en peligro de extinción. Su hábitat natural ha sido destruido, y además el animal ha sido víctima de la caza ilegal.

NIVELES DE PELIGRO

Las especies en peligro se clasifican como vulnerables, en peligro, o en grave peligro. Estas son las últimas cifras sobre mamíferos (2012):

EN GRAVE PELIGRO
188 especies

EN PELIGRO
448 especies

VULNERABLES
505 especies

ORANGUTÁN
El orangután solo se encuentra en las islas de Borneo y Sumatra. La destrucción de la selva pluvial tropical y la compra y venta ilegales de especímenes son sus principales amenazas.

POR CULPA DEL HOMBRE
Las principales causas de la extinción son la destrucción de hábitats y la caza.

LINCE IBÉRICO
Este felino es autóctono de la península Ibérica y está en grave peligro de extinción. Uno de los motivos es que cada vez hay menos conejos salvajes, una de sus principales **presas**.

RINOCERONTE
Varias especies de rinocerontes están en peligro de extinción debido a la caza furtiva.

EL CUERPO HUMANO

Nuestro cuerpo es una de las estructuras más complejas del universo. El cerebro de una persona contiene más conexiones que todos los ordenadores del mundo juntos. El cuerpo humano está formado por muchos **órganos**, que trabajan juntos para mantenernos sanos.

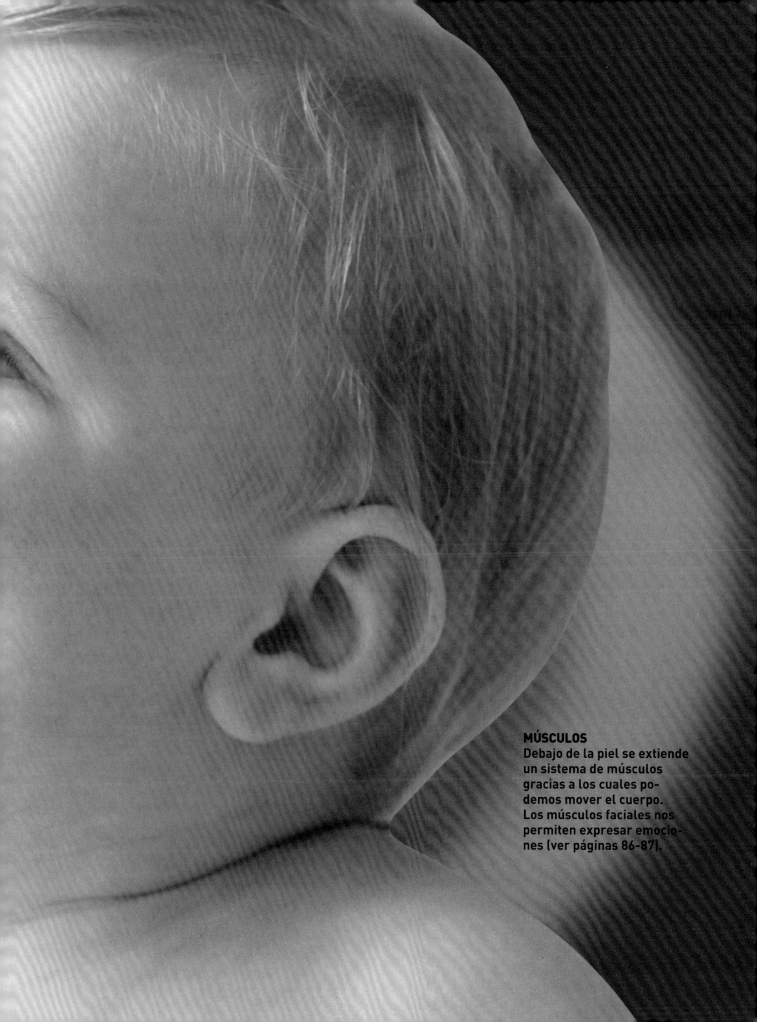

MÚSCULOS
Debajo de la piel se extiende un sistema de músculos gracias a los cuales podemos mover el cuerpo. Los músculos faciales nos permiten expresar emociones (ver páginas 86-87).

Sistemas corporales

El cuerpo humano es muy complejo. En su interior, diversos
órganos funcionan conjuntados para conservar la salud
física. Los órganos se agrupan en diferentes sistemas, según
su función.

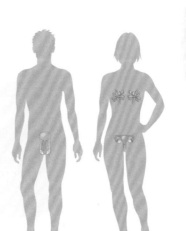

CEREBRO
El cerebro humano
es tres veces más
grande que el de otros
animales de tamaño
similar.

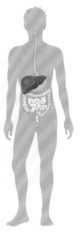

SISTEMA DIGESTIVO
Este sistema nos per-
mite extraer la energía
de los alimentos. Es un
tubo que empieza en la
boca, pasa por el estó-
mago y los intestinos,
y termina en el recto.

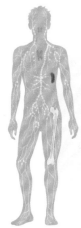

SISTEMA LINFÁTICO
El sistema linfático
trabaja con el sistema
inmunitario. Ayudan al
cuerpo a luchar contra
bacterias y virus.

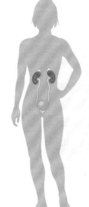

SISTEMA URINARIO
Los riñones son los
órganos principales
del sistema urinario.
Este sistema ayuda al
cuerpo a eliminar de-
sechos por la orina.

SISTEMA
RESPIRATORIO
Es el sistema por el
que respiramos. El
oxígeno que contiene
el aire pasa de los pul-
mones a la sangre.

SISTEMA
REPRODUCTOR
La función de este
sistema es producir
más seres humanos.
Es distinto en hom-
bres y mujeres.

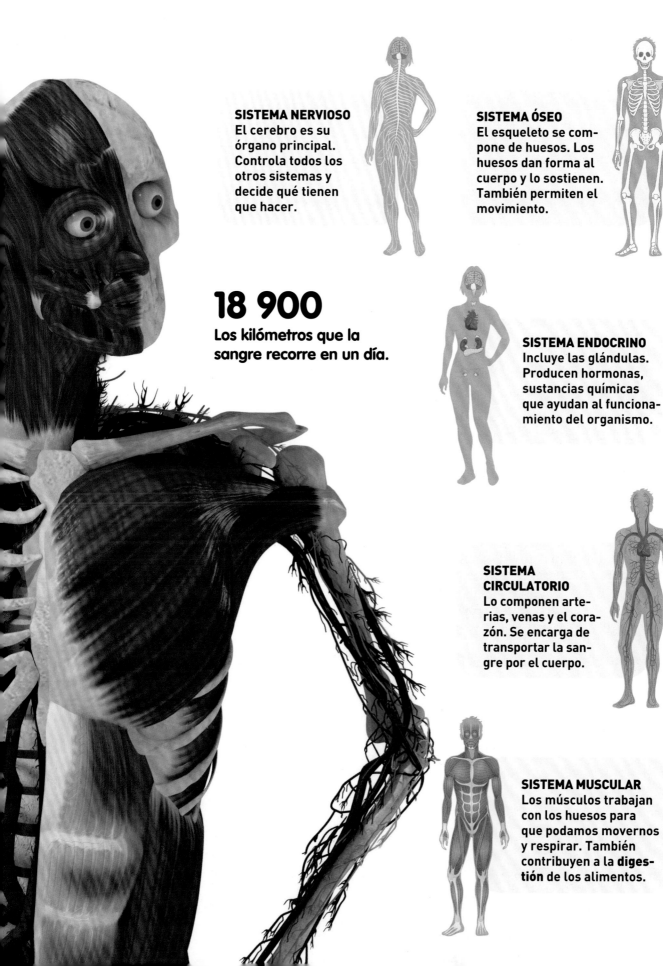

SISTEMA NERVIOSO
El cerebro es su órgano principal. Controla todos los otros sistemas y decide qué tienen que hacer.

SISTEMA ÓSEO
El esqueleto se compone de huesos. Los huesos dan forma al cuerpo y lo sostienen. También permiten el movimiento.

18 900
Los kilómetros que la sangre recorre en un día.

SISTEMA ENDOCRINO
Incluye las glándulas. Producen hormonas, sustancias químicas que ayudan al funcionamiento del organismo.

SISTEMA CIRCULATORIO
Lo componen arterias, venas y el corazón. Se encarga de transportar la sangre por el cuerpo.

SISTEMA MUSCULAR
Los músculos trabajan con los huesos para que podamos movernos y respirar. También contribuyen a la **digestión** de los alimentos.

La célula

El cuerpo humano está compuesto por millones de **células**. Las células son tan pequeñas que solo se ven con el microscopio. Cada célula humana se compone de las mismas partes: un núcleo y un citoplasma, rodeados por una **membrana**.

VIDA ÚTIL

Algunas células viven solo de 3 a 5 días. Otras están activas a lo largo de toda la vida de una persona.

CÁNCER

A veces algo va mal en las células y empiezan a crecer sin control. Eso puede producir una enfermedad llamada cáncer. Para curar el cáncer hay que destruir las células que se han descontrolado.

CITOESQUELETO
Está compuesto por hebras que mantienen la forma de la célula y le permiten moverse.

LISOSOMA
Los lisosomas descomponen la materia de desecho de la célula.

APARATO DE GOLGI
Procesa y pone en circulación las proteínas producidas en el retículo endoplasmático rugoso.

RETÍCULO ENDOPLASMÁTICO RUGOSO
Produce y transporta proteínas.

100 000

millones de células componen el cuerpo humano adulto. Existen 210 tipos distintos de células humanas.

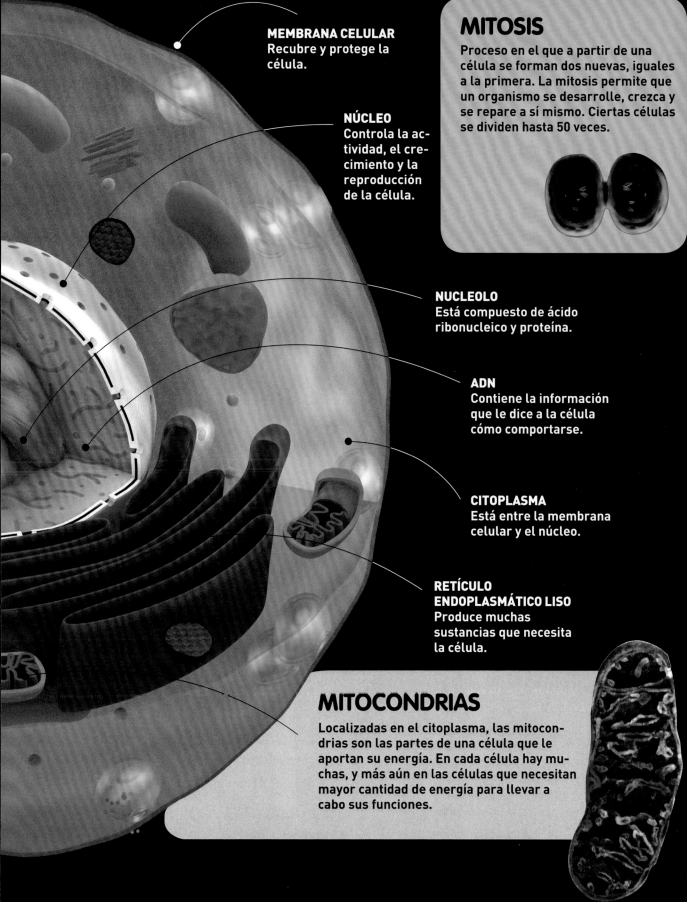

MEMBRANA CELULAR
Recubre y protege la
célula.

NÚCLEO
Controla la ac-
tividad, el cre-
cimiento y la
reproducción
de la célula.

MITOSIS

Proceso en el que a partir de una
célula se forman dos nuevas, iguales
a la primera. La mitosis permite que
un organismo se desarrolle, crezca y
se repare a sí mismo. Ciertas células
se dividen hasta 50 veces.

NUCLEOLO
Está compuesto de ácido
ribonucleico y proteína.

ADN
Contiene la información
que le dice a la célula
cómo comportarse.

CITOPLASMA
Está entre la membrana
celular y el núcleo.

**RETÍCULO
ENDOPLASMÁTICO LISO**
Produce muchas
sustancias que necesita
la célula.

MITOCONDRIAS

Localizadas en el citoplasma, las mitocon-
drias son las partes de una célula que le
aportan su energía. En cada célula hay muchas, y más aún en las células que necesitan
mayor cantidad de energía para llevar a
cabo sus funciones.

Sistema óseo

El esqueleto está compuesto por huesos. Los huesos están hechos de un tejido esponjoso y contienen **células** nerviosas y sangre. Los huesos almacenan **minerales** que ayudan a mantener el cuerpo sano. El esqueleto le da forma y soporte al cuerpo, y le permite moverse. También cubre y protege los **órganos** del interior del cuerpo.

PARTES DEL HUESO

1 MÉDULA: sustancia blanda y grasa que produce células sanguíneas.

2 VASOS SANGUÍNEOS: llevan la sangre de los huesos al resto del cuerpo, y de vuelta.

3 HUESO ESPONJOSO: capa interior del hueso.

4 HUESO COMPACTO: capa exterior del hueso.

5 PERIOSTIO: película que recubre y protege el hueso.

ARTERIA
VENA
MÉDULA
HUESO COMPACTO
PERIOSTIO

HUESO ESPONJOSO

CRECIMIENTO
Los huesos están totalmente formados hacia los 18-20 años. El **calcio** de la leche refuerza los huesos.

RÓTULA
El hueso de la rodilla, sujeto por tendones.

TIBIA
En la parte inferior de la pierna, sostiene la mayor parte del peso.

206
El número de huesos del cuerpo humano.

METATARSO
Los huesos de entre el tobillo y los dedos.

FALANGES
Los huesos de los dedos.

TARSO
Los huesos del tobillo.

PERONÉ
El hueso exterior de la parte inferior de la pierna.

CALCÁNEO
El hueso del talón.

TIPOS DE HUESOS

Los huesos del cuerpo humano se pueden agrupar por su forma y tamaño:

1 **HUESO CORTO:** de forma redondeada o cónica, como el calcáneo.

2 **HUESO LARGO:** huesos como el fémur, con una parte central alargada entre dos extremos.

3 **HUESO PLANO:** placas finas de hueso, como en los del cráneo.

4 **HUESO SESAMOIDEO:** pequeño y redondeado, como la rótula.

ARTICULACIONES

Los huesos están conectados unos con otros por unos cordones muy fuertes llamados ligamentos. Entre los huesos hay un tejido llamado cartílago que ayuda al movimiento.

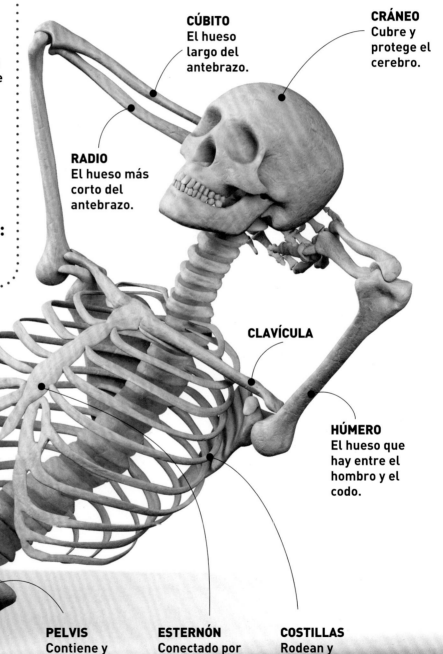

CÚBITO
El hueso largo del antebrazo.

CRÁNEO
Cubre y protege el cerebro.

RADIO
El hueso más corto del antebrazo.

CLAVÍCULA

FÉMUR
El hueso del muslo, que conecta la cadera con la rodilla.

HÚMERO
El hueso que hay entre el hombro y el codo.

PELVIS
Contiene y sostiene los órganos del abdomen.

ESTERNÓN
Conectado por cartílago con las costillas.

COSTILLAS
Rodean y protegen los pulmones.

Sistema muscular

Junto con los huesos, los músculos le dan al cuerpo su forma y le permiten moverse. Los músculos trabajan por pares en cada articulación del esqueleto, permitiendo que los huesos se muevan en ambas direcciones.

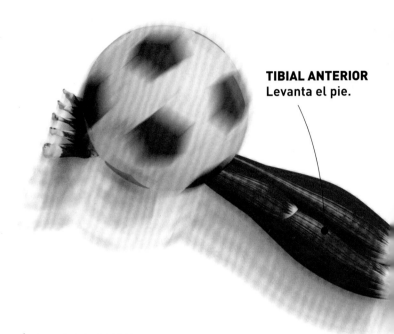

TIBIAL ANTERIOR
Levanta el pie.

MÚSCULOS QUE SIRVEN PARA FRUNCIR EL CEÑO

MÚSCULOS QUE SIRVEN PARA SONREÍR

FRONTAL

CORRUGADOR SUPERCILIAR

ORBICULAR DE LOS PÁRPADOS

NASAL

DEPRESOR DEL LABIO INFERIOR

MENTONIANO

PLATISMA

ELEVADOR DEL LABIO SUPERIOR

CIGOMÁTICO MENOR

CIGOMÁTICO MAYOR

RISORIO

EL MÁS FUERTE

En relación con su tamaño, el músculo más fuerte es el masetero, de la mandíbula inferior. Junto con el resto de los músculos de la boca, ejerce la función de morder.

TENDÓN DE AQUILES
Conecta el gastrocnemio (los gemelos) con el hueso del talón.

GASTROCNEMIO
Extiende el pie.

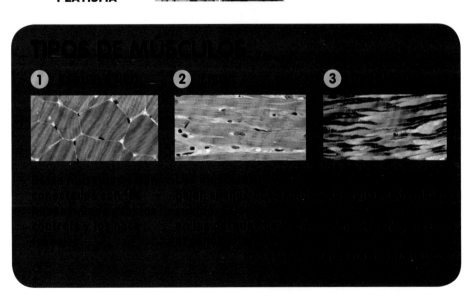

TIPOS DE MÚSCULOS

① ② ③

MASAJE

El masaje relaja los músculos y mejora la circulación. Alivia el dolor de un calambre muscular.

FRONTAL
Frunce el ceño.

ESTERNOCLEIDOMASTOIDEO
Nos permite girar la cabeza.

BÍCEPS BRAQUIAL
Flexiona el brazo por el codo.

ORBICULAR
Sirve para parpadear.

PECTORAL MAYOR
Tira del brazo y lo hace girar.

CUÁDRICEPS FEMORAL
Tira de la rodilla cuando corremos o damos una patada.

¿CUÁNTOS?

Más de 650 músculos esqueléticos tienen nombre propio, pero hay muchos más. Los músculos varían mucho en tamaño: el sartorio, que va de la cadera a la rodilla, es el más largo de todos, y el estapedio, en el oído, el más corto: solo mide 1,3 mm.

OBLICUO EXTERNO
Hace girar el torso y lo flexiona hacia la derecha o la izquierda.

RECTO MAYOR DEL ABDOMEN
Flexiona el torso hacia delante.

ADUCTOR LARGO
Tira de la pierna hacia dentro.

43
El número de músculos de la cara que nos sirven para expresar nuestros sentimientos.

Sistema circulatorio

Las **células** del cuerpo necesitan alimento y **oxígeno** para vivir. También tienen que eliminar los desechos. El sistema que se encarga de esas dos cosas es el circulatorio. Los glóbulos sanguíneos transportan sustancias por el organismo. Bombeada por el corazón, la sangre llega a todas las partes del cuerpo por una red de tubos llamados vasos sanguíneos.

CIRCUITO DE LA SANGRE
La sangre viaja por el sistema circulatorio trazando como un 8 que se cruza en el corazón. El circuito principal transporta sangre oxigenada (roja) por las arterias, del corazón al resto del cuerpo. La sangre llega a las células por los diminutos vasos sanguíneos llamados capilares. La sangre desoxigenada (azul) vuelve al corazón por las venas.

OTRAS FUNCIONES
El sistema circulatorio también protege el cuerpo de las infecciones y mantiene su temperatura a 37 °C.

VENA SUBCLAVIA
Conecta la axila con la vena cava superior.

VENAS YUGULARES
Hay cuatro, dos a cada lado del cuello.

ARTERIA BRAQUIAL
Una en cada brazo.

ARTERIA CARÓTIDA IZQUIERDA

VENA CAVA SUPERIOR
La vena que lleva la sangre de la cabeza hasta el corazón.

AORTA
La arteria principal y la más larga del sistema.

ARTERIA PULMONAR
Lleva la sangre a los pulmones.

LONGITUD

Si empalmáramos todo los capilares de un cuerpo uno tras otro, darían dos veces la vuelta al mundo.

ARTERIAS

Las arterias transportan sangre oxigenada desde el corazón hacia las células. Tienen unas paredes elásticas que resisten la alta presión de la sangre. Los capilares que conectan las arterias con las venas, pasando por las células, son mucho más delgados.

TÚNICA ÍNTIMA EXTERNA

TÚNICA MEDIA

TÚNICA EXTERNA

TÚNICA ÍNTIMA INTERNA

CAPA ELÁSTICA

ARTERIA ILÍACA
Suministra sangre a la pelvis y las piernas.

VENA ILÍACA
La vena principal de la pelvis.

ARTERIA FEMORAL
Suministra sangre oxigenada al muslo.

VENA CAVA INFERIOR
Lleva la sangre al corazón desde la parte inferior del cuerpo.

VENA FEMORAL
Recorre toda la longitud del muslo.

2,54 cm
El diámetro de la aorta de un adulto.

El corazón

El corazón es un músculo solo un poco más grande que un puño. Se aloja en el pecho, entre los pulmones, y es el órgano principal del sistema circulatorio. Bombea sangre oxigenada a todo el cuerpo a través de las arterias. A su vez, la sangre desoxigenada llega al corazón por las venas, y el corazón la envía a los pulmones para que la oxigenen de nuevo.

BOMBEO

El corazón bombea sangre a todas las **células** del cuerpo en menos de un minuto.

70

El promedio de veces que late el corazón por minuto.

CÁMARAS

El corazón se divide en cuatro partes: dos aurículas en la parte superior, y dos ventrículos en la mitad inferior.

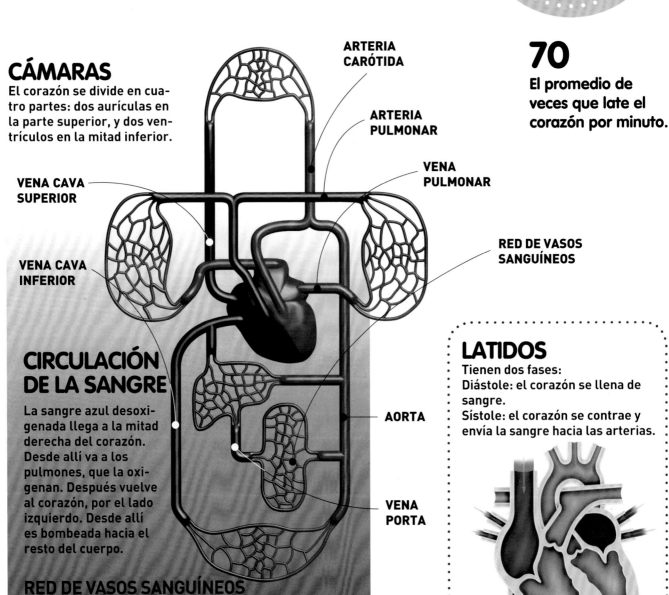

ARTERIA CARÓTIDA

ARTERIA PULMONAR

VENA PULMONAR

VENA CAVA SUPERIOR

VENA CAVA INFERIOR

RED DE VASOS SANGUÍNEOS

CIRCULACIÓN DE LA SANGRE

La sangre azul desoxigenada llega a la mitad derecha del corazón. Desde allí va a los pulmones, que la oxigenan. Después vuelve al corazón, por el lado izquierdo. Desde allí es bombeada hacia el resto del cuerpo.

AORTA

VENA PORTA

RED DE VASOS SANGUÍNEOS

A lo largo de todo el circuito —pulmones, hígado, sistema digestivo y las parte superior e inferior del cuerpo— hay redes de vasos sanguíneos.

LATIDOS

Tienen dos fases:
Diástole: el corazón se llena de sangre.
Sístole: el corazón se contrae y envía la sangre hacia las arterias.

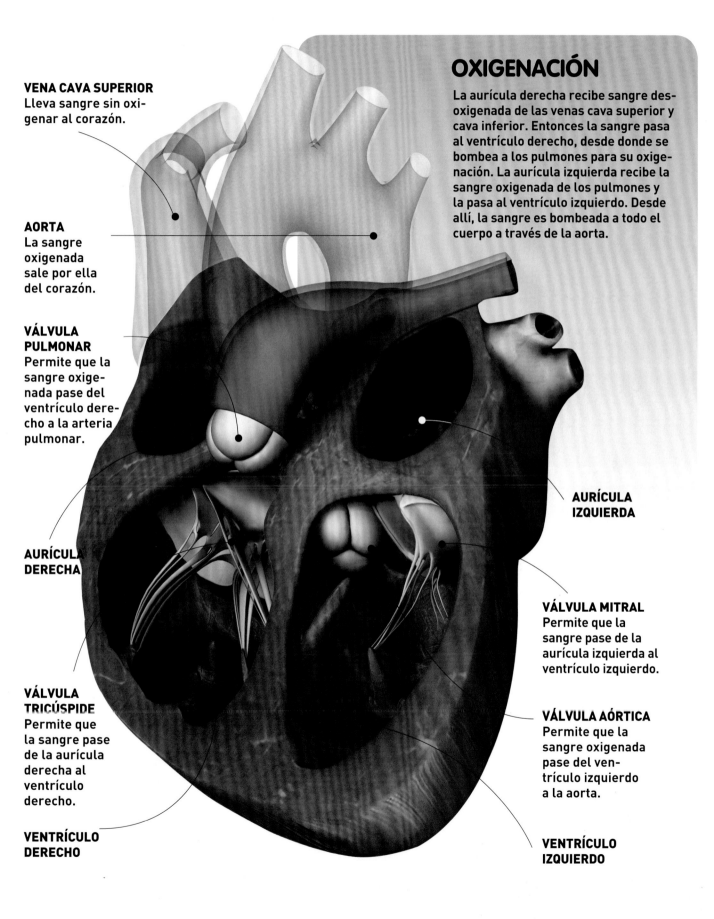

VENA CAVA SUPERIOR
Lleva sangre sin oxigenar al corazón.

AORTA
La sangre oxigenada sale por ella del corazón.

VÁLVULA PULMONAR
Permite que la sangre oxigenada pase del ventrículo derecho a la arteria pulmonar.

AURÍCULA DERECHA

VÁLVULA TRICÚSPIDE
Permite que la sangre pase de la aurícula derecha al ventrículo derecho.

VENTRÍCULO DERECHO

OXIGENACIÓN

La aurícula derecha recibe sangre desoxigenada de las venas cava superior y cava inferior. Entonces la sangre pasa al ventrículo derecho, desde donde se bombea a los pulmones para su oxigenación. La aurícula izquierda recibe la sangre oxigenada de los pulmones y la pasa al ventrículo izquierdo. Desde allí, la sangre es bombeada a todo el cuerpo a través de la aorta.

AURÍCULA IZQUIERDA

VÁLVULA MITRAL
Permite que la sangre pase de la aurícula izquierda al ventrículo izquierdo.

VÁLVULA AÓRTICA
Permite que la sangre oxigenada pase del ventrículo izquierdo a la aorta.

VENTRÍCULO IZQUIERDO

La sangre

La sangre es un tejido corporal líquido que circula por el cuerpo a través de los vasos sanguíneos. Está compuesta de agua con sustancias **disueltas** en ella y células sanguíneas. Transporta por todo el organismo los nutrientes obtenidos con la digestión. También lleva oxígeno de los pulmones a los tejidos corporales, y el nocivo **dióxido de carbono** de los tejidos de vuelta a los pulmones.

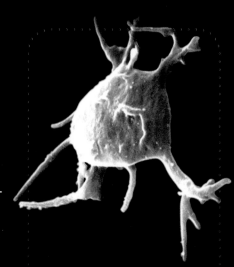

GLÓBULOS ROJOS
La función principal de los glóbulos rojos es absorber el oxígeno de los pulmones y liberarlo en otras partes del organismo.

GLÓBULOS BLANCOS
Estas células protegen el cuerpo de infecciones atacando a bacterias, virus y otros **organismos** nocivos.

PLAQUETAS
Reparan los vasos sanguíneos rotos. Se encuentran en las heridas y ayudan a coagular la sangre.

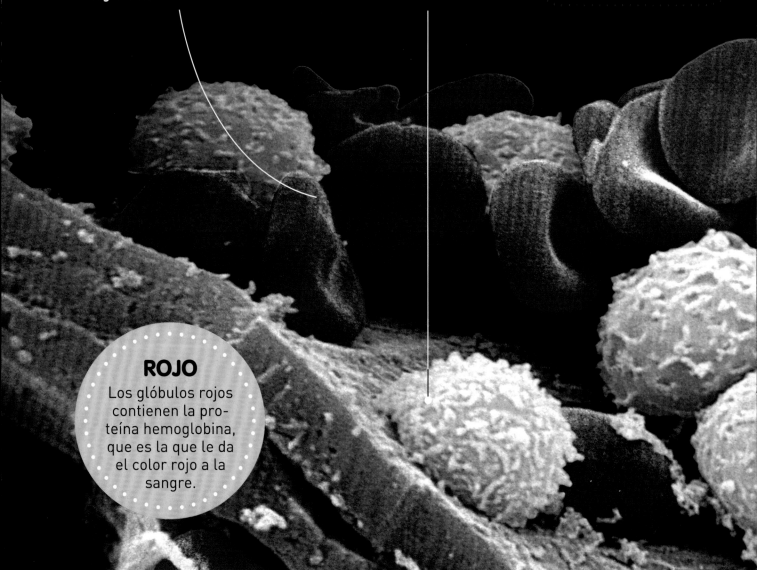

ROJO
Los glóbulos rojos contienen la proteína hemoglobina, que es la que le da el color rojo a la sangre.

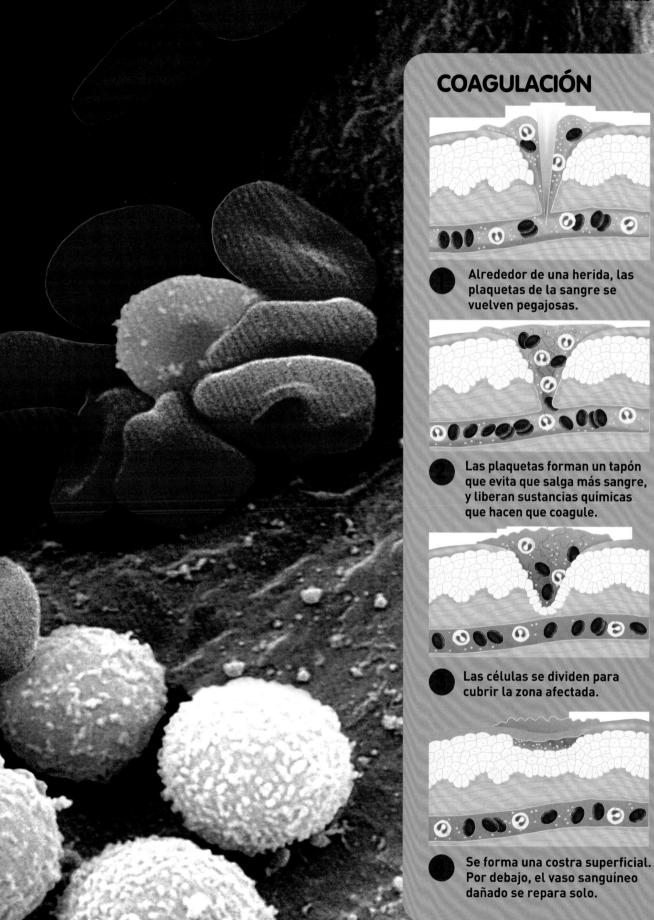

COAGULACIÓN

1 Alrededor de una herida, las plaquetas de la sangre se vuelven pegajosas.

2 Las plaquetas forman un tapón que evita que salga más sangre, y liberan sustancias químicas que hacen que coagule.

3 Las células se dividen para cubrir la zona afectada.

4 Se forma una costra superficial. Por debajo, el vaso sanguíneo dañado se repara solo.

Sistema urinario

El sistema urinario está compuesto por los riñones, los uréteres y la vejiga. Purifica la sangre y mantiene los niveles de agua y **minerales** del organismo. Los riñones son los **órganos** encargados de realizar esta función. Filtran toda la sangre del cuerpo en unos cinco minutos. Los desechos y el agua y las sales sobrantes salen del riñón en forma de orina, que se expulsa a través de la vejiga.

CÉLULAS
Las **células** liberan en la sangre productos de desecho, que luego se eliminan del organismo por la orina.

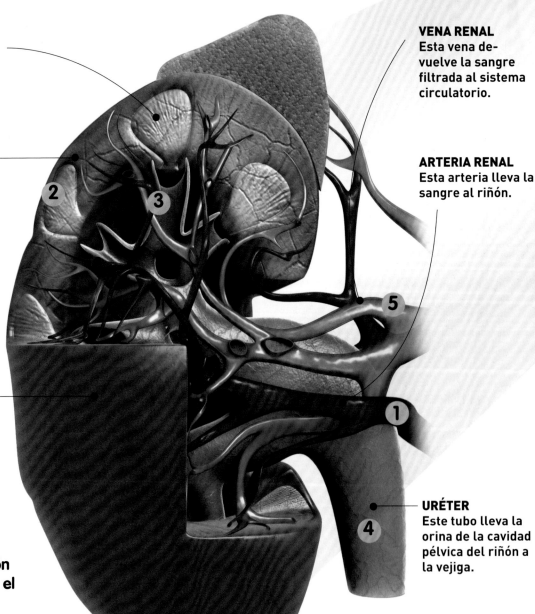

PIRÁMIDE RENAL
La orina pasa desde estas estructuras triangulares hacia el uréter.

CORTEZA RENAL
Esta parte del riñón filtra la sangre y ayuda a sacar del organismo los productos de desecho.

CÁPSULA RENAL
La capa dura que envuelve el riñón.

VENA RENAL
Esta vena devuelve la sangre filtrada al sistema circulatorio.

ARTERIA RENAL
Esta arteria lleva la sangre al riñón.

URÉTER
Este tubo lleva la orina de la cavidad pélvica del riñón a la vejiga.

70 000
El número de trasplantes de riñón que se realizan en el mundo cada año.

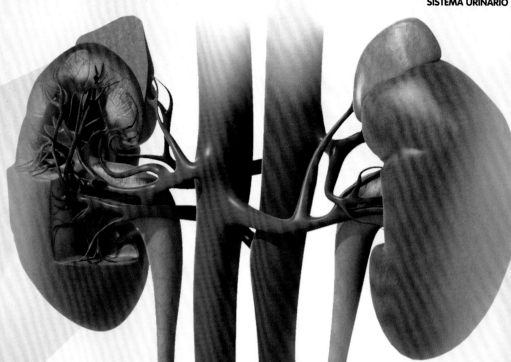

CIRCUITO RENAL

1 **LLEGA LA SANGRE**
La sangre entra en el riñón por la arteria renal.

2 **FILTRADO**
Las nefronas filtran los desechos de la sangre.

3 **DESECHOS**
Los productos líquidos no deseados se convierten en orina.

4 **ORINA**
La orina pasa al uréter y de allí a la vejiga, desde donde es expulsada por la uretra.

5 **LA SANGRE ESTÁ LIMPIA**
La sangre purificada vuelve al sistema circulatorio por la vena renal.

LA VEJIGA

La micción es el proceso de vaciar la vejiga de la orina. La vejiga contiene unos 340 cc de líquido, aunque en casos extremos puede almacenar hasta 500 o 750 cc.

VEJIGA

Sistema respiratorio

La respiración es el proceso que permite al cuerpo tomar aire. Inhalamos **oxígeno** y exhalamos gases de desecho, como **dióxido de carbono**. Los pulmones son el órgano principal del sistema respiratorio.

15

El promedio de respiraciones por minuto de un adulto.

BOSTEZOS

No podemos controlar los bostezos; simplemente, ocurren. Cuando bostezamos tomamos una respiración profunda, abrimos mucho la boca y estiramos los músculos faciales. El bostezo es señal de cansancio, relajación o aburrimiento, y es contagioso: si ves a alguien bostezar, también empiezas tú a hacerlo.

MOVIMIENTO CONTINUO

1 Nariz: El aire entra por las fosas nasales.

2 Faringe: El aire pasa por la faringe, donde las amígdalas detectan y destruyen **organismos** peligrosos.

3 Laringe: La laringe está conectada con la tráquea. Al tragar, una lámina llamada epiglotis cierra el acceso a la tráquea, evitando que el agua o los alimentos pasen a las vías respiratorias y dirigiéndolos hacia el estómago.

4 Tráquea: Por la tráquea pasa el aire hacia y desde los pulmones.

5 Bronquios: En los pulmones, la tráquea se divide en dos bronquios, uno para cada pulmón.

6 Sangre: El oxígeno pasa a la sangre, mientras que el dióxido de carbono pasa de la sangre al aire de los pulmones. Al exhalar expulsamos dióxido de carbono.

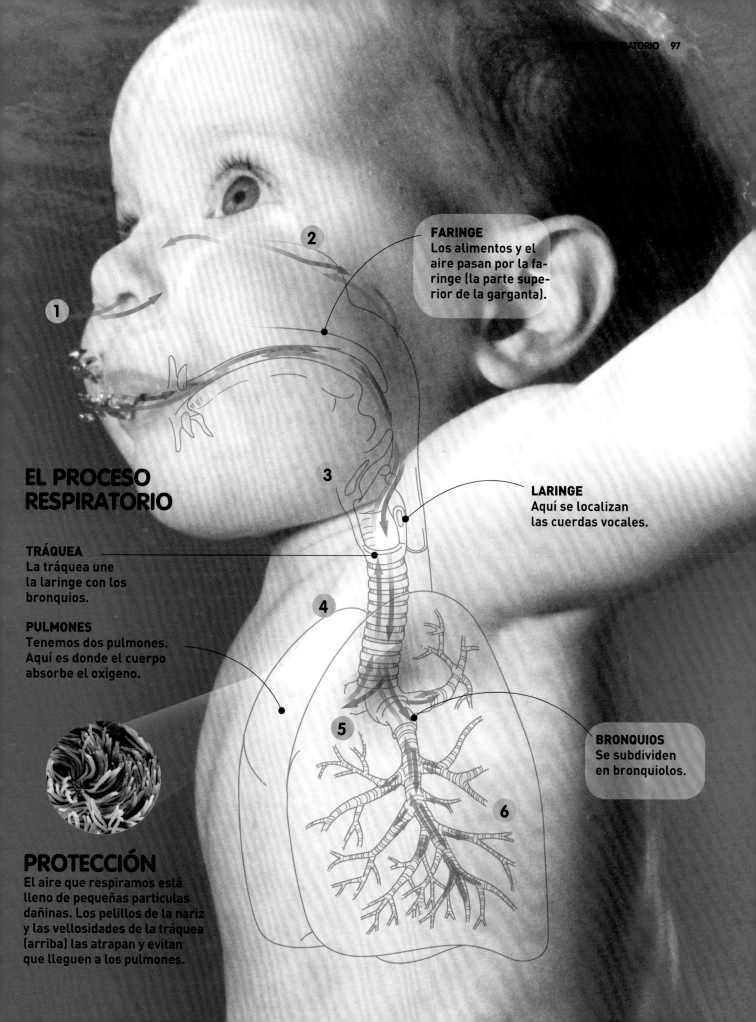

2

1

FARINGE
Los alimentos y el
aire pasan por la fa-
ringe (la parte supe-
rior de la garganta).

3

EL PROCESO
RESPIRATORIO

LARINGE
Aquí se localizan
las cuerdas vocales.

TRÁQUEA
La tráquea une
la laringe con los
bronquios.

4

PULMONES
Tenemos dos pulmones.
Aquí es donde el cuerpo
absorbe el oxígeno.

5

BRONQUIOS
Se subdividen
en bronquiolos.

6

PROTECCIÓN
El aire que respiramos está
lleno de pequeñas partículas
dañinas. Los pelillos de la nariz
y las vellosidades de la tráquea
(arriba) las atrapan y evitan
que lleguen a los pulmones.

Sistema digestivo

El sistema digestivo descompone los alimentos que comemos en algo que el organismo puede aprovechar. También separa la parte de los alimentos que al cuerpo no le sirven y la elimina. En el estómago y el intestino delgado los alimentos se descomponen en sustancias más simples. Otros **órganos**, como el páncreas y el hígado, colaboran en el proceso.

3

El número de tipos de nutrientes que necesita el organismo: carbohidratos, grasas y proteínas.

CARIES

Cuando no nos cepillamos los dientes y nos lavamos bien la boca, se puede formar una capa de placa: una mezcla de alimentos y bacterias. La placa desprende un ácido que daña los dientes y puede producir caries (agujeros). Es difícil eliminar la placa porque sus bacterias tienen un pegamento que la adhiere a los dientes.

CEPILLARSE LOS DIENTES
Además de los dientes, hay que cepillarse la lengua y el paladar.

DIENTES

Con los dientes trituramos la comida que nos llevamos a la boca. Los adultos tienen 32 dientes. Durante la masticación, la lengua mueve los alimentos por la cavidad bucal y se forma el bolo alimenticio.

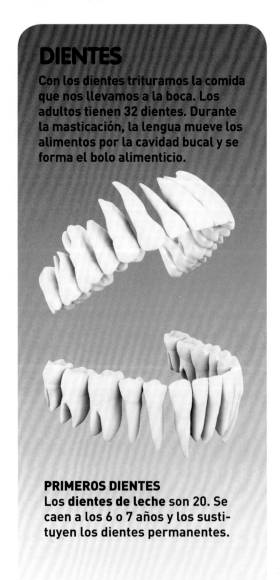

PRIMEROS DIENTES
Los dientes de leche son 20. Se caen a los 6 o 7 años y los sustituyen los dientes permanentes.

RECORRIDO DIARIO

1 Boca
(20 segundos)
La comida entra por la boca, donde los dientes la mastican y la trituran con ayuda de la lengua y de la saliva. La saliva humedece la comida y ayuda a hacer una pelota adecuada para ser tragada llamada bolo.

2 Esófago
(10 segundos)
El bolo pasa rápidamente por el esófago. En 10 segundos ya ha llegado al estómago.

3 Estómago
(3 horas)
La comida está de 3 a 6 horas en el estómago. Allí se convierte en una pasta medio líquida.

4 Intestino delgado
(5 horas)
El proceso digestivo continúa 5 o 6 horas en el intestino delgado. Los restos, ya en estado líquido, pasan al intestino grueso.

5 Intestino grueso
(12 horas)
Los materiales que llegan al intestino grueso permanecen allí de 12 a 24 horas. Se elimina el agua de los restos y se forman las heces, semisólidas.

6 Recto
(20 horas)
Los desechos se expulsan del cuerpo por el ano, de 20 a 36 horas después de haber comido.

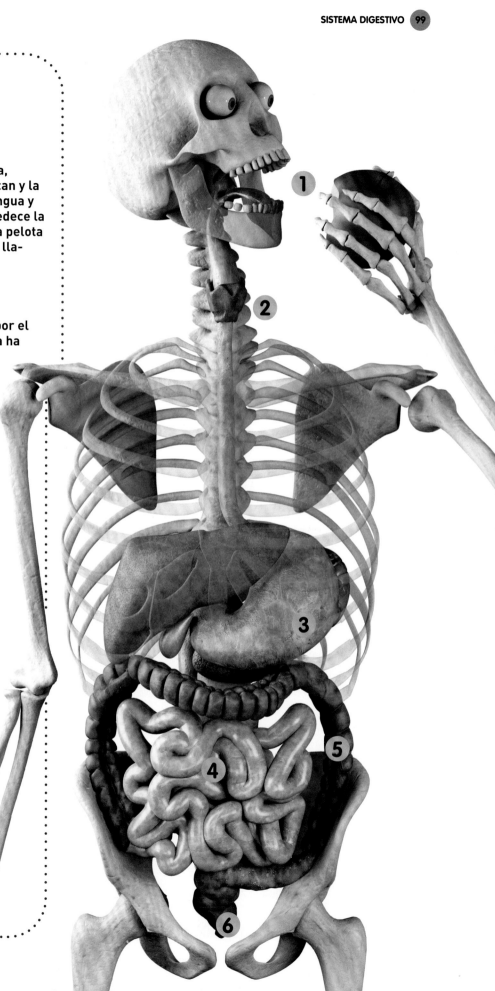

Sistema endocrino

El sistema endocrino es una red de glándulas que producen unas sustancias químicas llamadas **hormonas**. Las hormonas hacen que el organismo funcione correctamente. Todo el sistema está controlado por la glándula pituitaria, situada en la base del cráneo. Hay otras ocho glándulas, que están en el cerebro, el cuello y el torso.

50
El número de hormonas que produce el cuerpo.

HORMONAS

Son sustancias químicas que transporta la sangre. Contienen información para partes concretas del cuerpo y les dicen cómo deben funcionar. Las hormonas controlan procesos como la reproducción, el crecimiento y la velocidad con la que gastamos la energía (metabolismo). Antes del embarazo, por ejemplo, los ovarios de la mujer liberan hormonas para que su cuerpo esté preparado para recibir el óvulo fertilizado.

CRECIMIENTO

Varias hormonas controlan el ritmo de crecimiento del cuerpo y su funcionamiento. La mayoría se producen en la glándula pituitaria, y normalmente controlan el funcionamiento de las otras glándulas endocrinas. La glándula pituitaria está a su vez bajo el control de una parte del cerebro llamada hipotálamo.

¡ADIÓS!

Una vez han hecho su trabajo, el hígado descompone las hormonas en sustancias inocuas.

ENFERMEDAD

Las glándulas endocrinas pueden producir demasiada o insuficiente cantidad de una hormona. Esto puede llevar a enfermedades como la diabetes, que se puede deber a una falta de la hormona insulina.

CONTROLES

La tiroides, situada en la tráquea, es una de las glándulas principales. Controla la
producción de energía en el
organismo y el ritmo de crecimiento de los tejidos.

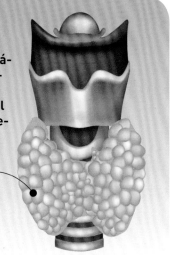

TIROIDES
La glándula tiroides tiene
forma de mariposa y se
encuentra en la parte
frontal de la garganta.

PÁNCREAS

El páncreas produce las hormonas
insulina y glucagón. Ambas sirven
para controlar la cantidad de azúcar
que hay en la sangre.

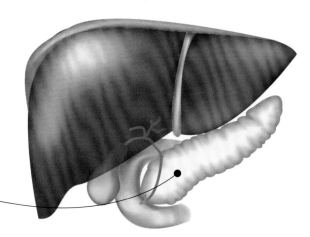

PÁNCREAS
El páncreas está situado
justo debajo del hígado y está
conectado con los intestinos.

ADRENALINA

Es una hormona que producimos cuando nos
sentimos en peligro. Prepara el organismo para
la acción incrementando el nivel de azúcar en la
sangre y elevando la **presión sanguínea** y el ritmo
cardíaco; también acelera la respiración y dilata
las pupilas.

GLÁNDULAS SUPRARRENALES
Es donde se produce la adrena-
lina. Están en la parte superior de
ambos riñones.

Sistema nervioso

El sistema nervioso tiene dos partes: el sistema nervioso central y el sistema nervioso periférico. El sistema nervioso central está compuesto por el cerebro y la médula espinal. Los nervios del resto del cuerpo componen el sistema nervioso periférico.

NERVIOS

Los nervios son como diminutas cuerdas formadas por un gran número de hebras, que se llaman fibras nerviosas. Las fibras nerviosas envían señales de una parte del cuerpo a otra.

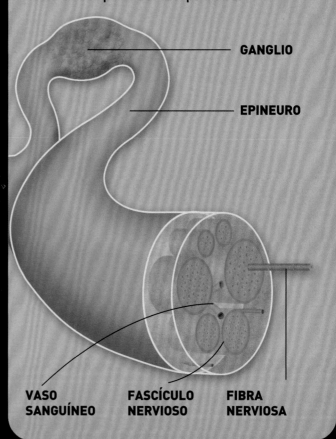

GANGLIO

EPINEURO

VASO SANGUÍNEO

FASCÍCULO NERVIOSO

FIBRA NERVIOSA

CRECIMIENTO RÁPIDO

En el primer año de vida el tamaño del cerebro se multiplica por tres.

SUEÑO REPARADOR

Pasamos una tercera parte de nuestra vida durmiendo. Durante el sueño el cerebro procesa la información recibida durante el día.

98,4 m/s

La velocidad, en metros por segundo, a la que se transmiten las señales por el sistema nervioso.

REFLEJOS

Los reflejos son respuestas que no podemos controlar. La mayoría de ellos están controlados por la médula espinal. La señal de los nervios se «descodifica» en la médula espinal, que envía instrucciones para reaccionar, sin pasar por el cerebro.

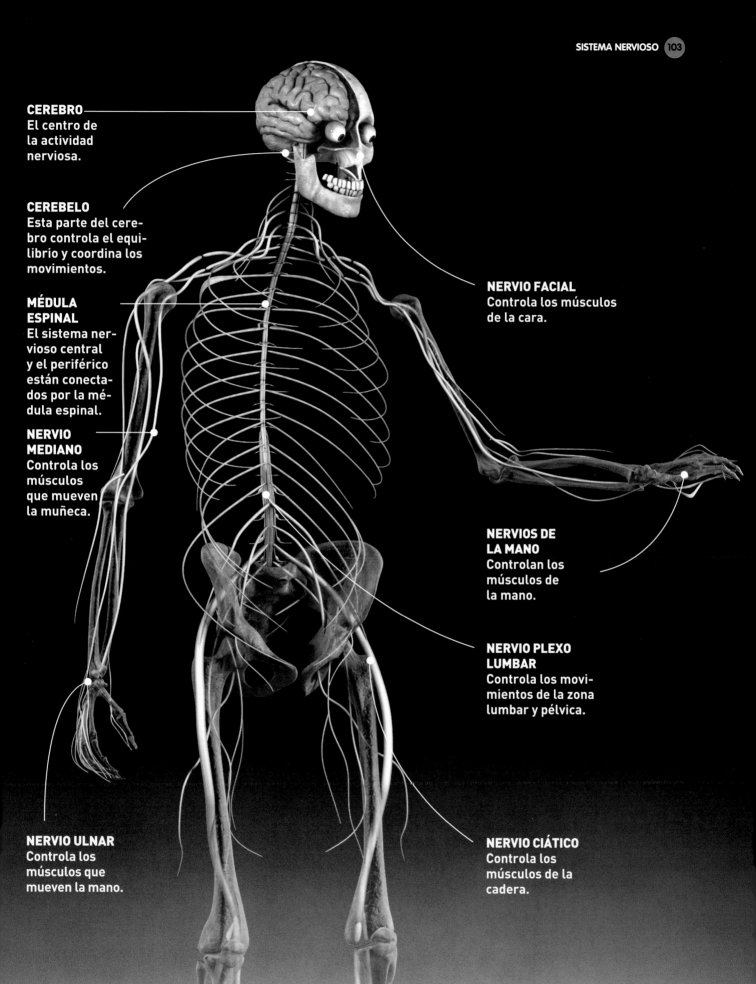

CEREBRO
El centro de
la actividad
nerviosa.

CEREBELO
Esta parte del cere-
bro controla el equi-
librio y coordina los
movimientos.

**MÉDULA
ESPINAL**
El sistema ner-
vioso central
y el periférico
están conecta-
dos por la mé-
dula espinal.

**NERVIO
MEDIANO**
Controla los
músculos
que mueven
la muñeca.

NERVIO FACIAL
Controla los músculos
de la cara.

**NERVIOS DE
LA MANO**
Controlan los
músculos de
la mano.

**NERVIO PLEXO
LUMBAR**
Controla los movi-
mientos de la zona
lumbar y pélvica.

NERVIO ULNAR
Controla los
músculos que
mueven la mano.

NERVIO CIÁTICO
Controla los
músculos de la
cadera.

El cerebro

El cerebro es el órgano principal del sistema nervioso. Controla todas las acciones del cuerpo. Está dividido en dos hemisferios o mitades, que a su vez se dividen en cuatro partes llamadas lóbulos.

1,4 kg
El peso medio de un cerebro humano adulto.

UN BUEN EQUIPO

Las distintas zonas del cerebro trabajan juntas. Cada hemisferio se encarga de determinadas funciones. A veces las funciones aparecen cambiadas; por ejemplo, la zona del habla, en lugar de en el hemisferio izquierdo, a veces se encuentra en el derecho.

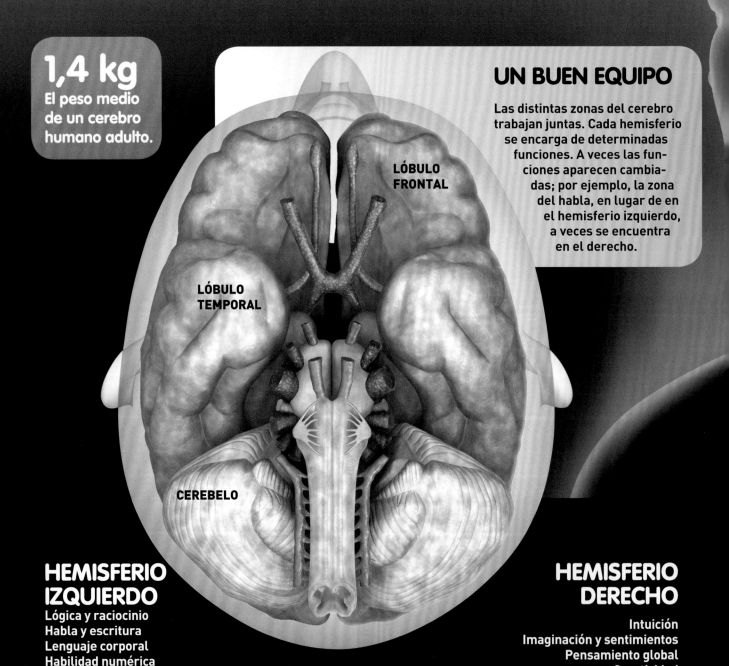

LÓBULO FRONTAL

LÓBULO TEMPORAL

CEREBELO

HEMISFERIO IZQUIERDO
Lógica y raciocinio
Habla y escritura
Lenguaje corporal
Habilidad numérica
Planificación

HEMISFERIO DERECHO
Intuición
Imaginación y sentimientos
Pensamiento global
Creatividad
Conciencia espacial
Imaginación visual

MÉDULA ESPINAL

Situada en el interior de la columna vertebral, la médula espinal conforma con
el cerebro el sistema nervioso central.
Su función principal es llevar las señales nerviosas del cerebro al resto del
cuerpo. La médula está envuelta en las
meninges, membranas que la protegen
de sustancias nocivas. Los daños de la
médula espinal pueden causar invalidez
grave y pérdida de sensación en el torso
y las extremidades.

MATERIA GRIS

MATERIA BLANCA

MENINGES

RAÍZ SENSORIAL
DEL NERVIO

RAÍZ MOTORA
DEL NERVIO

VÉRTEBRA

OXÍGENO
El cerebro humano
recibe el 20 % del
oxígeno que inhalan
los pulmones.

La vista

Los ojos nos permiten reconocer el color, la forma y la textura de un objeto antes de tocarlo. También nos indican a qué distancia está un objeto o a qué velocidad se desplaza. El ojo contiene numerosas **células** sensibles a la luz.

FÓVEA
La fóvea es la parte central de la retina, que produce una imagen muy nítida.

NERVIO ÓPTICO
Las señales de la retina se trasladan al cerebro por este nervio.

MÚSCULO OCULAR
Este músculo permite al ojo moverse en cualquier dirección.

PARPADEO
Parpadeamos unas 20 000 veces al día, gracias a los músculos de los párpados.

VER UN OBJETO
Como los ojos están separados, cada uno ve las cosas desde un ángulo ligeramente distinto. El cerebro procesa la información de ambos ojos y la convierte en una sola imagen.

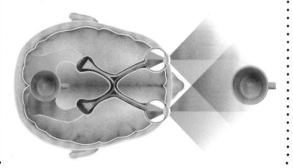

RETINA
La retina transforma la luz en señales nerviosas.

IRIS
El iris controla la cantidad de luz que entra en el ojo. Es la parte coloreada del ojo.

HUMOR VÍTREO
Es el líquido gelatinoso que hay tras el cristalino.

ESCLERÓTICA
Es la **membrana** dura que conforma casi todo el globo ocular.

CÓMO VEMOS
Cuando miramos un objeto, la luz que emite llega al ojo a través de la córnea y el cristalino. Los dos enfocan la luz hacia la retina. En la retina, la luz produce una imagen invertida del objeto. La retina envía esa información al cerebro por el nervio óptico, y el cerebro le vuelve a dar la vuelta a la imagen.

130
MILLONES
El número de células que tiene la retina.

CÓRNEA
Es una membrana transparente que cambia la dirección de la luz que penetra en el ojo.

CRISTALINO
El cristalino cambia de forma para enfocar la imagen en la retina.

PROTECCIÓN
Los ojos son frágiles y hay que protegerlos del polvo y la suciedad del aire que pudieran dañarlos. La primera capa protectora son los párpados. Los párpados también limpian el ojo y lo mantienen húmedo extendiendo el líquido que segrega el lagrimal. Las pestañas ayudan a proteger los ojos de la luz intensa, mientras que las cejas ponen una barrera al sudor.

PUPILA
Es la abertura del iris y permite que la luz llegue a la retina.

El oído

Los oídos nos permiten percibir una gran variedad de sonidos. Gracias a ellos reconocemos tanto la diferencia entre sonidos, como el volumen, el tono y el timbre, como la dirección de la que proceden. Los oídos también nos ayudan a mantener el equilibrio.

25 mm

El tamaño del estribo, un hueso del oído que es el más pequeño del cuerpo humano.

MANTENER EL EQUILIBRIO

En el interior del oído hay unos **canales** llenos de fluidos. Cuando se mueven, sabemos que el cuerpo se está moviendo. El cerebro recoge la información de los oídos y de los ojos, y determina cómo mantener el equilibrio. Cuando estamos en un barco los ojos no perciben el movimiento, pero los oídos sí. Eso confunde al cerebro y nos mareamos.

EL OÍDO INTERNO

El oído se divide en tres partes. El pabellón auricular (oreja) es la parte del oído que se ve. Dirige las vibraciones del sonido hacia las otras partes, y lo protege. El oído medio lleva las vibraciones al oído interno. El oído interno transforma las vibraciones en señales nerviosas, que se envían al cerebro. El cerebro convierte la información en sonidos.

VOLUMEN, TIMBRE Y TONO

Nuestro oído reconoce tres cosas en los sonidos que oye: su volumen (lo alto o bajo que suena); su timbre (la calidad), y su tono (si es grave o agudo).

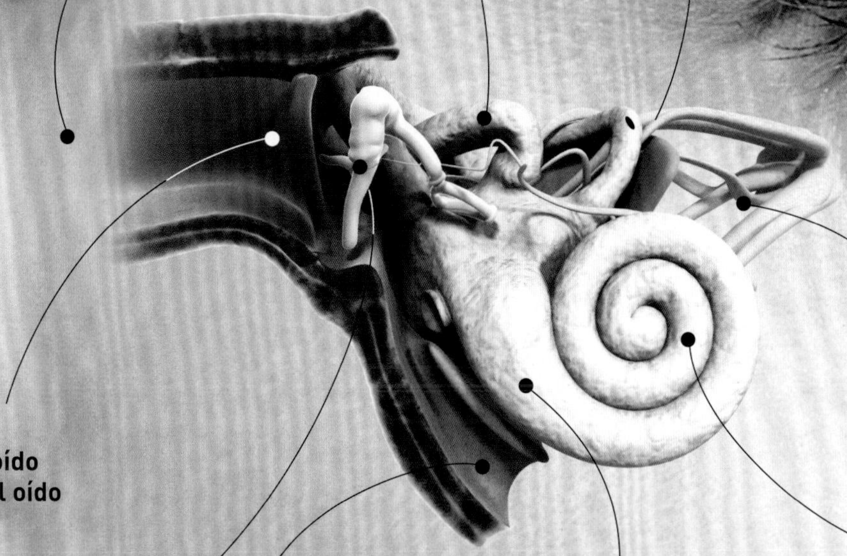

PABELLÓN AURICULAR
Dirige las vibraciones hacia el interior.

CANAL AUDITIVO EXTERNO
Canaliza las vibraciones hacia el tímpano.

CANALES SEMICIRCULARES

NERVIO VESTIBULAR

TÍMPANO
Separa el oído externo del oído medio.

OSÍCULOS
Estos tres huesos diminutos transmiten las vibraciones a la ventana oval.

TROMPA DE EUSTAQUIO
Tubo que conecta el oído con la nariz y la faringe.

VENTANA OVAL
Vibra para cambiar la presión del líquido del interior de la cóclea.

NERVIO COCLEAR
Lleva las señales nerviosas al cerebro.

CÓCLEA (CARACOL)
Las vibraciones se transforman en señales nerviosas en la cóclea.

CRECIMIENTO
La oreja está hecha de piel y cartílago. No deja de crecer en toda la vida.

El olfato y el gusto

El sentido del olfato y el del gusto funcionan conjuntamente y de forma similar. Notamos el sabor de los alimentos **disuelto** en la saliva con la lengua. Con la nariz percibimos una amplia gama de olores que flotan en el aire.

LA LENGUA

La lengua está cubierta por más de 10 000 papilas gustativas. Cuando entran en contacto con los alimentos, las **células** receptoras del gusto que hay en ellas pasan las señales al cerebro.

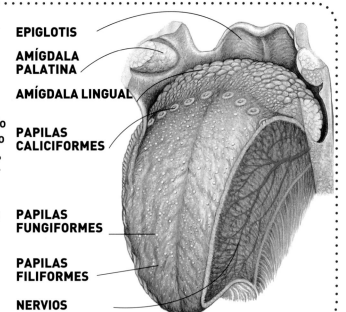

EPIGLOTIS
AMÍGDALA PALATINA
AMÍGDALA LINGUAL
PAPILAS CALICIFORMES
PAPILAS FUNGIFORMES
PAPILAS FILIFORMES
NERVIOS

SABORES

Los seres humanos reconocemos cinco sabores: dulce, ácido, amargo, salado y umami. Umami es el sabor de una sustancia llamada glutamato, que se encuentra en las carnes y los quesos.

CÓMO OLEMOS

Los receptores de olores se encuentran en la nariz. Cuando inhalamos, olemos las moléculas disueltas en el moco que cubre los receptores. Diminutos filamentos llamados cilios pasan las señales al cerebro, que decide de qué olor se trata.

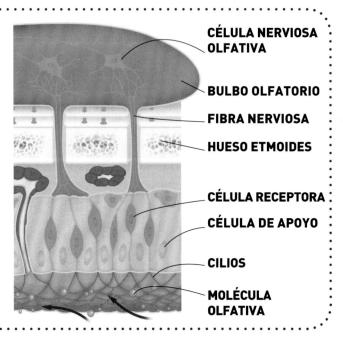

CÉLULA NERVIOSA OLFATIVA
BULBO OLFATORIO
FIBRA NERVIOSA
HUESO ETMOIDES
CÉLULA RECEPTORA
CÉLULA DE APOYO
CILIOS
MOLÉCULA OLFATIVA

CÉLULAS

La nariz de un perro tiene 200 millones de células nerviosas olfativas o más. La de una persona solo tiene 5 millones.

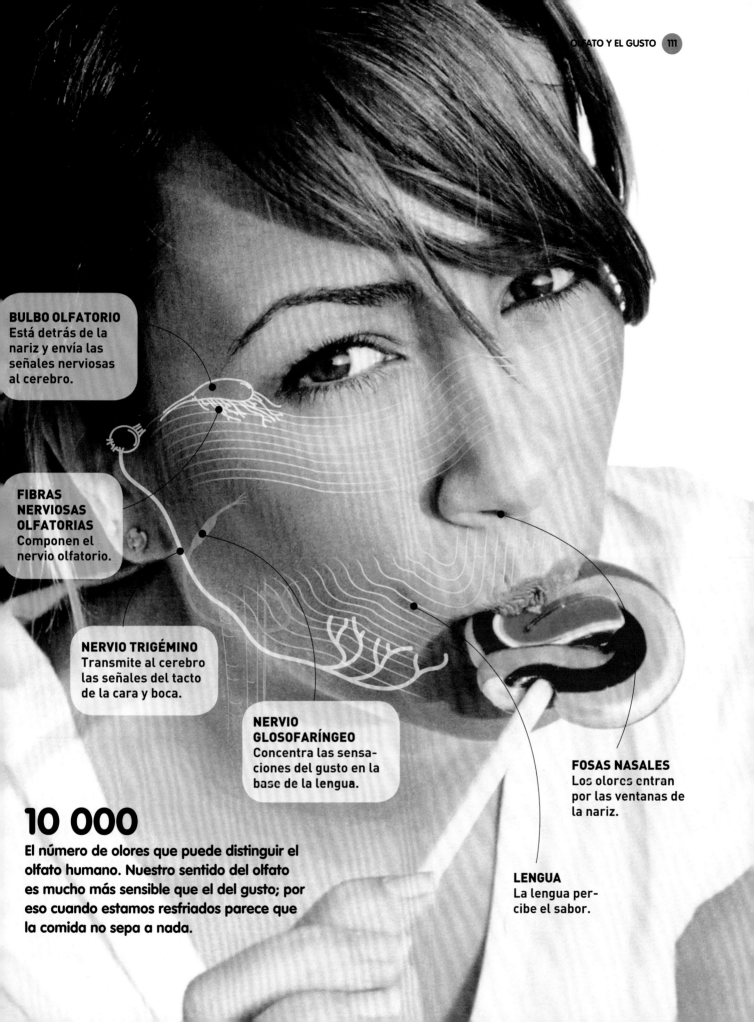

BULBO OLFATORIO
Está detrás de la nariz y envía las señales nerviosas al cerebro.

FIBRAS NERVIOSAS OLFATORIAS
Componen el nervio olfatorio.

NERVIO TRIGÉMINO
Transmite al cerebro las señales del tacto de la cara y boca.

NERVIO GLOSOFARÍNGEO
Concentra las sensaciones del gusto en la base de la lengua.

FOSAS NASALES
Los olores entran por las ventanas de la nariz.

LENGUA
La lengua percibe el sabor.

10 000

El número de olores que puede distinguir el olfato humano. Nuestro sentido del olfato es mucho más sensible que el del gusto; por eso cuando estamos resfriados parece que la comida no sepa a nada.

Sistema linfático

El sistema linfático es la parte principal del sistema inmunitario, que protege el cuerpo de las enfermedades. Devuelve el exceso de fluido corporal, llamado linfa, al torrente sanguíneo. El sistema está compuesto por una red de vasos linfáticos que conectan el bazo, el timo, las glándulas linfáticas, las amígdalas, las adenoides y los tejidos (médula ósea y placas de Peyer).

ALERGIA

Hay una reacción alérgica cuando el sistema inmunitario reacciona ante sustancias que debería tolerar.

40 000

El número de partículas diminutas que la nariz y la boca expelen cuando estornudamos.

GLÁNDULAS LINFÁTICAS

Las glándulas linfáticas atacan a las enfermedades con dos tipos distintos de leucocitos: los linfocitos y los macrófagos. Estas células sanguíneas se producen en la médula ósea.

FILTROS

Las glándulas linfáticas se agrupan por todo el sistema linfático. Matan las bacterias y los virus nocivos.

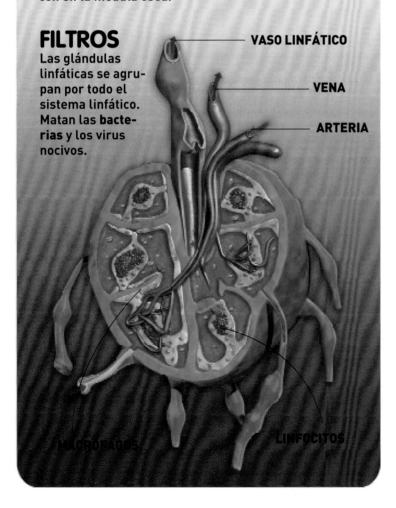

VASO LINFÁTICO

VENA

ARTERIA

MACRÓFAGOS

LINFOCITOS

LINFOCITOS

Los linfocitos son el tipo más pequeño de leucocito. Mantienen sano el cuerpo destruyendo las células infectadas por algún virus.

OTRAS DEFENSAS

Otros líquidos, como las lágrimas, también protegen el cuerpo y eliminan gérmenes, pero no forman parte del sistema linfático.

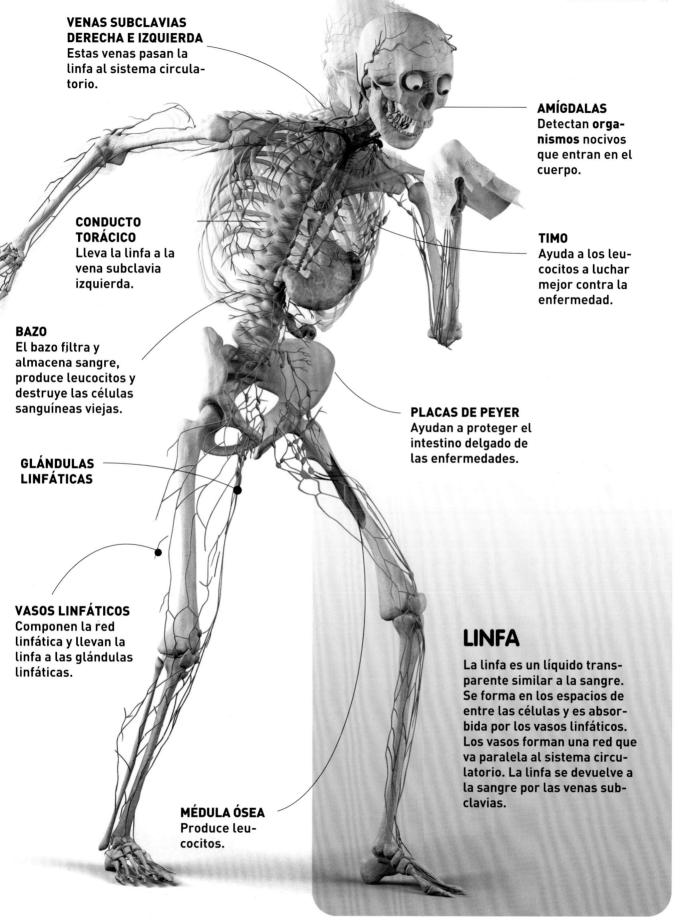

VENAS SUBCLAVIAS DERECHA E IZQUIERDA
Estas venas pasan la linfa al sistema circulatorio.

CONDUCTO TORÁCICO
Lleva la linfa a la vena subclavia izquierda.

BAZO
El bazo filtra y almacena sangre, produce leucocitos y destruye las células sanguíneas viejas.

GLÁNDULAS LINFÁTICAS

VASOS LINFÁTICOS
Componen la red linfática y llevan la linfa a las glándulas linfáticas.

MÉDULA ÓSEA
Produce leucocitos.

AMÍGDALAS
Detectan **organismos** nocivos que entran en el cuerpo.

TIMO
Ayuda a los leucocitos a luchar mejor contra la enfermedad.

PLACAS DE PEYER
Ayudan a proteger el intestino delgado de las enfermedades.

LINFA

La linfa es un líquido transparente similar a la sangre. Se forma en los espacios de entre las células y es absorbida por los vasos linfáticos. Los vasos forman una red que va paralela al sistema circulatorio. La linfa se devuelve a la sangre por las venas subclavias.

HISTORIA

Hace unos 11 000 años, los hombres empezaron a establecerse en asentamientos y a cultivar la tierra. Poco tiempo después se inventó la escritura y ya se pudieron escribir cosas para que futuras generaciones las leyeran. Eso señaló el inicio del período conocido como historia en oposición al de la prehistoria. Los registros escritos nos cuentan cómo hemos evolucionado desde esos primeros días de la agricultura hasta el moderno mundo tecnológico de hoy.

SOLDADO PERSA
Este relieve se encuentra en las ruinas de Persépolis, Irán, que fue la capital del antiguo Imperio persa (ver páginas 132-133).

Los inicios de la agricultura

Los seres humanos empezaron a cultivar la tierra en Oriente Próximo hace unos 11 000 años, y en China hace unos 8000. Esos primeros campesinos cultivaron vegetales y criaron animales. También empezaron a fabricar vasijas de cerámica para cocinar y guardar alimentos. Esos cambios fueron posibles gracias a la mejora del clima, que llegó con el fin de la última Era Glacial.

PERRO
El primer animal que el hombre domesticó fue el perro.

● Nínive

ASIRIA
Assur ●

ACAD
Eshnunna ●

Río Éufrates   Babilonia ●

Mari ●

CRÍA DE ANIMALES

Los agricultores empezaron a criar animales porque les daban alimento y vestido, y les ayudaban en las tareas del campo. Por primera vez en la historia, se podía comer carne sin necesidad de cazar.

CABRA
La cabra fue el primer animal que se crio por su carne.

OVEJA
Se criaron a partir de unas salvajes que vivían en las montañas de Irán.

VACA
La vaca daba carne, leche y cuero, y ayudaba con el arado.

CABALLO
Los caballos se criaron a partir de especies salvajes del Kazajistán.

CIUDADES

El cultivo de la tierra proporcionó alimentos que se guardaban, lo que permitió crecer a las ciudades. Cada una desarrolló su cultura.

CULTIVO DE ARROZ

Hace unos 8000 años las personas empezaron a cultivar arroz en campos inundados llamados arrozales. Lo recolectaban con hachas especiales con la cuchilla agujereada.

LA MEDIA LUNA FÉRTIL

La agricultura surgió en esta región, al sur de la península de Anatolia, junto a los ríos Tigris y Éufrates. Por primera vez los hombres ya no cazaban, sino que cultivaban sus propios alimentos. El nombre de Media Luna Fértil se debe a la forma que tenía la tierra cultivable, como una media luna.

MONTES ZAGROS

Río Tigris

ELAM

MESOPOTAMIA   SUMERIA

Lagash ●

Eridu ●   ● Ur

● Nippur

● Umma   ● Larsa

● Isin   ● Uruk

CEREALES

Al iniciarse la agricultura cambiaron los alimentos consumidos. Se empezaron a comer más cereales, como trigo, maíz y cebada.

11 000
AÑOS DE ANTIGÜEDAD
La edad de unas hoces (herramientas agrícolas) encontradas en el valle del Nilo, Egipto.

Invención de la escritura

La escritura se inventó en Sumeria, Mesopotamia, como medio de llevar un registro del almacenamiento de alimentos que la agricultura había hecho posible. Se desarrolló como un sistema de pictogramas (símbolos que representan objetos), que luego se fueron convirtiendo en la escritura fonética que conocemos hoy. En esta escritura los símbolos representan los sonidos que componen las palabras. La escritura es una de las mayores invenciones de la historia: nos permite expresar ideas y registrar la historia.

4000 a.C.

Las primeras pruebas de escritura datan de esta época.

CUNEIFORME

La escritura sumeria se llama así. Son unas marcas en forma de cuña en tablillas de arcilla.

HIMNO A NISABA

Los escribas sumerios transcribieron historias sobre reyes y dioses. También registraron los **himnos** que los sacerdotes entonaban en las ceremonias religiosas. El *Himno a Nisaba* cuenta cómo el dios Enlil destruyó la ciudad de Ur. Nisaba era la diosa sumeria de la escritura.

TABLILLA SUMERIA

Encontrada en las ruinas de Uruk, a orillas del Éufrates, esta tablilla contiene marcas de números (los círculos) y pictogramas simples. En ella los investigadores han identificado los nombres de Uruk y Dilmun, un reino a las afueras del Imperio asirio.

FONOGRAMAS

Con el tiempo los sumerios empezaron a representar sonidos mediante fonogramas.

PICTOGRAMAS

Un pictograma es un dibujo que representa un objeto. Por ejemplo, el símbolo de «mujer» es un triángulo invertido.

ESCRIBIR SOBRE MÁS COSAS

Con los fonogramas, los símbolos pasaron a representar los sonidos que componen las palabras, lo que permitió escribir sobre más cosas.

PESOS Y MEDIDAS

Para que el comercio fuera justo, se inventó un sistema de pesos y medidas. Cuando en Egipto y Anatolia aparecieron los sistemas monetarios, el oro y la plata se cambiaban por mercancías.

EVOLUCIÓN DE LA ESCRITURA

Con el tiempo, los símbolos de la escritura cuneiforme evolucionaron desde una figuración de los objetos representados hasta formas más abstractas, parecidas a los **ideogramas** (símbolos) chinos.

	3200 a. C.	3000 a. C.	2500 a. C.	2300 a. C.	ASIRIA
SIGNO					
DIOS					
MUJER					
PEZ					
AGUA					

Babilonia

De todas las ciudades de Mesopotamia, Babilonia se convirtió en la más poderosa. Se fundó alrededor del 2300 a. C. en lo que hoy es Iraq. Los babilonios creían que la ciudad pertenecía al dios Marduk, que nombraba al rey para que gobernara en su nombre. Los babilonios fueron de los primeros en usar metales preciosos, como el oro y la plata, como una forma de dinero. También desarrollaron nuevos tipos de medicina.

FUNDADOR

El rey Nimrod fundó Babilonia en el 2500 a. C. Se dice que fue él quien mandó construir la Torre de Babel.

70 m

La altura de los templos babilónicos conocidos como zigurats.

EL LEÓN DE BABILONIA

Esta escultura la hicieron los hititas, pueblo que vivió en Anatolia en los siglos XVIII y XVII a. C, pero ahora se encuentra en las ruinas del palacio de Nabucodonosor, en Iraq. Se cree que lo llevaron allí como botín de guerra.

DIOSA DEL AMOR

Ishtar era la diosa babilónica del amor, la guerra, el sexo y la fertilidad. En Sumeria la conocían como Inanna.

DIOSA PLANETARIA
La diosa Ishtar se asociaba al planeta Venus.

DIOS DE LA ESCRITURA

Los babilonios adoraban a Nabu, dios de la sabiduría y de la escritura. Se representaba sosteniendo una tablilla y utensilios de escribir. Se decía que con ellos escribía el **destino** de las personas.

El Código de Hammurabi

El Código de Hammurabi se escribió alrededor del 1775 a. C. Es uno de los primeros compendios de leyes de la historia y recoge las decisiones de Hammurabi, rey de Babilonia. Antes del Código de Hammurabi eran los sacerdotes los encargados de hacer cumplir la ley. El código exponía una lista de reglas que las decisiones legales debían seguir. En total, el Código recoge 282 leyes.

ESTELA DE PIEDRA
El Código está grabado en una columna de basalto de 2,2 m.

UNA LEY PARA TODOS
Hammurabi extendió su Código en todo el reino, para que todos sus súbditos se atuvieran a las mismas leyes.

SÍMBOLOS
El círculo era un símbolo que representaba el poder.

MONOLITO
Este monolito da detalles sobre las personas condenadas a muerte por el rey asirio Sargón II. **Reinó** durante varios años después de Hammurabi y fue enemigo declarado de Egipto, Urartu y Elam.

LEY DEL TALIÓN

La idea del Antiguo Testamento del «ojo por ojo, diente por diente», también aparece en el Código.

LAS MUJERES EN EL CÓDIGO

La sociedad babilónica era gobernada por hombres. Las mujeres solo se mencionan en el Código en relación con el adulterio o el incesto. Ambos crímenes se castigaban con la pena de muerte.

ESCRITURA

En gran parte de la estela las leyes están escritas en un tipo de escritura cuneiforme.

LEYES DIVINAS

El rey de Babilonia recibe el Código de manos del dios Shamash. Los mesopotámicos creían que eran los dioses quienes les daban las leyes.

1901

El año en que el francés Jacques de Morgan descubrió el Código en Irán.

TEMAS

El Código detalla los castigos por robo, asesinato y daños a la propiedad. Explica cómo tratar a los esclavos y cómo deben comportarse las personas cuando se casan.

TODOS PODÍAN VERLO

El Código se exhibía ante el público, de modo que nadie podía decir que no lo conocía. Es cierto que pocas personas sabían leer, pero los que sabían hacerlo lo leían en voz alta a los demás.

AVENTURAS

La estela estaba en el templo del dios Shamash de Sippar. Cuando los elamitas invadieron Babilonia se la llevaron a la ciudad de Susa, donde fue descubierta en 1901. Ahora se puede contemplar en el museo del Louvre, en París.

El antiguo Egipto

Durante 3000 años una civilización floreció a orillas del Nilo, en el nordeste de África. Era un gran reino gobernado por reyes llamados faraones. Los egipcios construyeron grandes monumentos, como las pirámides de Guiza, que eran tumbas destinadas a alojar los restos mortales de los faraones. Inventaron una forma de escritura, los jeroglíficos, que eran un sistema de **ideogramas**. Muchos de sus monumentos están cubiertos de jeroglíficos.

PAPIRO

Es una planta que crece en el delta del Nilo. Los egipcios hacían una especie de papel prensando tallos de papiro.

MAR MEDITERRÁNEO

BAJO EGIPTO

Rosetta

Alejandría

Guiza · El Cairo

Menfis · Saqqara

Amarna

DESIERTO OCCIDENTAL

INUNDACIÓN SAGRADA

El Nilo se desbordaba cada año, y al volver las aguas a su cauce dejaban atrás una capa de lodo llamada limo. El limo era muy fértil y los egipcios consideraban que la crecida del río era un regalo de los dioses.

Pirámide de Kefrén

Pirámide de Micerino

Gran Esfinge

PIRÁMIDES DE GUIZA

LA GRAN ESFINGE
Este monumento está en Guiza. Tiene cuerpo de león y se cree que la cabeza es la del faraón Kefrén.

4000
Los años que tienen las pirámides de Guiza.

POR EL MAR ROJO

Llamado el «mar de los juncos» en el Antiguo Testamento, los egipcios navegaban por el mar Rojo en pequeñas embarcaciones con un mástil y una vela rectangular.

ÉPOCAS HISTÓRICAS

La civilización del antiguo Egipto se divide en tres épocas principales, gobernadas por 30 dinastías (familias reales). Las pirámides se construyeron durante el Reino Antiguo.

3200-2300 a. C.: Reino Antiguo

2100-1788 a. C.: Reino Medio

1580-1090 a. C.: Reino Nuevo

MAR ROJO

ESIERTO RIENTAL

Karnak Luxor

Abídos ALTO EGIPTO

Tebas Edfu

VALLE DE LOS REYES

Abu Simbel

DESIERTO NUBIO

DESIERTO NUBIO

KARNAK

Karnak, en la antigua ciudad de Tebas, es el complejo de templos más grande de Egipto.

TRAVESÍA DEL DESIERTO

Pocos egipcios vivían en el desierto. La mayoría vivían junto al Nilo, donde cultivaban la tierra. No obstante, los desiertos estaban salpicados de oasis, lugares con agua donde los viajeros podían descansar. Los hombres cruzaban el desierto con caravanas de camellos para comerciar con los pueblos de más allá de las arenas arenas.

TEMPLO DE HATSHEPSUT

Hatshepsut fue la primera mujer faraona. Se vestía de hombre para gobernar.

ABU SIMBEL

Abu Simbel consiste en dos templos excavados en la roca: uno dedicado al faraón Ramsés II y el otro a los dioses Ra, Ptah y Amón.

Cultura del valle del Indo

Al igual que las antiguas civilizaciones de Mesopotamia y Egipto, en la India la civilización se desarrolló a orillas de un río: el Indo. El río va desde el altiplano tibetano hasta el mar de Arabia, cruzando los 2982 km de llanuras indias. El valle del Indo tiene grandes tramos de tierra fértil, que permitieron a las personas asentarse en ellos y cultivarlos.

AGRICULTURA

Los principales cultivos del valle del Indo eran trigo, cebada, tubérculos y dátiles.

1922

Ese año arqueólogos británicos descubrieron Mohenjo Daro, una de las principales ciudades de la cultura.

ESTATUILLAS

En 1946 el arqueólogo británico Sir Mortimer Wheeler descubrió en Harappa numerosas figuras de terracota. Eran estatuillas de mujeres, y se pensó que eran diosas de la fertilidad. Algunas tenían incrustaciones de metales preciosos. Había tantas que se cree que las hacían para **comerciar** con ellas.

SISTEMA DE ESCRITURA DEL INDO

La civilización del Indo tenía su propio sistema de escritura, compuesto por un mínimo de 20 caracteres y más de 200 símbolos. Usaban la escritura para los negocios y probablemente también en los lugares de culto. Hablaban una lengua emparentada con el tamil, que aún se habla en el sur de la India.

Se ignora el significado de los símbolos del sistema de escritura del Indo.

REY SACERDOTE

En las ruinas del valle del Indo ningún edificio se ha identificado como templo. Se han encontrado figurillas de diosas, y tal vez en las ciudades se practicara una forma de religión en que el rey era tanto líder militar como espiritual. Se cree que esta escultura es de uno de esos «reyes sacerdote».

El nacimiento de China

La primera **dinastía** registrada en la historia es la Shang, que gobernó durante siete siglos. La siguió la dinastía Zhou, al poder de 1027 a 221 d. C. En ese período se desarrolló una única cultura china. El gran pensador Confucio vivió durante la dinastía Zhou.

CONFUCIO
El filósofo Confucio, que vivió del 551 al 479 a. C., es uno de los personajes más destacados de la historia china. Desarrolló un código moral que a día de hoy aún siguen muchas personas.

JADE
Desde finales del Neolítico (Edad de Piedra reciente) los objetos de jade eran muy valorados en la cultura china, porque se consideraban talismanes de la suerte. Con jade se fabricaban incluso herramientas y armas.

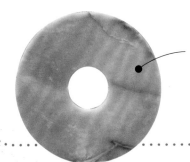

OBJETO CIRCULAR
Esta pieza de jade data de finales del Neolítico.

BÚFALO
Esta figura de jade es de la época Zhou. El búfalo es uno de los 12 animales del zodíaco chino.

BRONCE

La dinastía Zhou coincidió con el momento álgido de la Edad del Bronce china, que se había iniciado en la época Shang. Las fundiciones de bronce estaban muy ocupadas produciendo metal para hacer estatuas y herramientas.

VASIJA RITUAL

Durante las dinastías Shang y Zhou las copas y jarrones destinados a **rituales** presentaban decoraciones especiales. Solían tomar la forma de animales feroces considerados guardianes o protectores, como el tigre de esta vasija.

39

El número de emperadores que gobernaron a lo largo de la época Zhou.

CAMPANAS DE BRONCE

Las campanas se hacían de bronce. Se tallaban con cuchillos y se decoraban con símbolos religiosos.

Los aztecas

El pueblo conocido con el nombre de azteca vivió entre los siglos XIII y XVI en la zona que ahora es México central. Los aztecas construyeron un inmenso imperio, perfectamente organizado. Su capital era Tenochtitlan, donde ahora se encuentra México, D. F. Los restos de la ciudad demuestran que en ella había edificios magníficos. Construyeron unos templos muy altos para que los sacerdotes pudieran acercarse a la morada de los dioses en el cielo.

TEMPLO MAYOR
Este es el templo principal. Las escaleras conducían a dos templos más pequeños donde se hacían sacrificios de sangre a los dioses Tláloc y Huitzilopochtli.

TRABAJO EN METAL
Los aztecas hicieron objetos de oro y plata como esta figura. Confeccionaban collares, colgantes y ornamentos con metales preciosos, a menudo incrustados de piedras preciosas.

42 m
La altura del Templo Mayor, el templo más alto de la ciudad.

MANSIONES
Estas grandes casas de los nobles y sacerdotes que dirigían el Imperio tenían aulas donde se enseñaba astronomía y religión.

JOYAS
Los aztecas llevaban joyas de oro de exquisita factura. Las joyas indicaban la posición social de quien las llevaba.

TZOMPANTLI
Este edificio para almacenar huesos estaba lleno de lanzas, donde se ensartaban los cráneos de los soldados enemigos vencidos en batalla.

TEMPLO DEL SOL
Aquí se guardaba el calendario solar, tesoro de la religión azteca.

TENOCHTITLAN

La ciudad, fundada en una isla en medio del lago Texcoco, en el valle de México, estaba dividida en cuatro secciones que simbolizaban los cuatro puntos cardinales. Los aztecas cazaban aves acuáticas y pescaban, y construyeron chinampas, unos jardines sobre islas artificiales. En su momento álgido Tenochtitlan tenía más de 200 000 habitantes, lo que la convertía en una de las ciudades más grandes de la época.

TEMPLO DE QUETZALCÓATL

ENTRADA

EL DIOS TLÁLOC

En la mitología azteca Tláloc era el dios de la lluvia. Gobernaba el trueno y el relámpago, y hacía que brotara el agua de los manantiales de montaña. Se representaba como un hombre con grandes ojos redondos, a veces con serpientes saliéndole de la boca.

El Imperio persa

Hace unos 2600 años los persas, pueblo del sudoeste de Asia, levantaron un inmenso imperio que se extendía desde el mar Mediterráneo por el oeste hasta la frontera con la India por el este. El Imperio persa era diferente a los que habían existido hasta entonces: permitía a los pueblos conquistados conservar sus propias costumbres y religiones. Aun así, estallaban **rebeliones**, y las guerras con los griegos acabaron por destruir el Imperio.

PAGO DE TRIBUTOS

Los jefes de las tierras conquistadas por los persas enviaban mensajeros para pagar sus tributos al rey persa.

OBSEQUIOS

El rey recibía obsequios de sus súbditos, como alimentos, bebidas, joyas y animales.

VESTIMENTA

Los distintos estilos de vestimenta que refleja el arte persa muestran las diferentes culturas que había en el imperio.

EUROPA

Grecia

ASIA

IMPERIO PERSA

Mar Mediterráneo

⊙ Susa

⊙ Persépolis

India

Arabia

ÁFRICA

CIRO EL GRANDE

El rey Ciro II, más tarde llamado «el Grande», fue el primero en expandir Persia. Se rebeló contra los medos, que habían gobernado a los persas, y después amplió su imperio con varias conquistas.

LAS BATALLAS DE CIRO EL GRANDE

Tras derrocar a los medos, Ciro quiso expandir su imperio. **Derrotó** a Babilonia y a las ciudades griegas de Asia Menor (Turquía). También se alió con los fenicios, que le permitieron navegar con sus naves por el Mediterráneo. Cayó en una batalla contra los masagetas, una tribu del nordeste de Persia.

3 MILLONES de km²

Extensión del Imperio persa en su momento de máximo esplendor.

ESPÍAS

El rey enviaba espías por todo el Imperio para detectar cualquier signo de rebelión de sus súbditos.

Ciudades-estado griegas

Cuando desapareció la civilización micénica de Grecia, alrededor del año 1100 a. C., dejó atrás una serie de pequeñas ciudades que con el tiempo se fueron enriqueciendo. Eran ciudades-estado gobernadas como pequeños países. Aunque eran grandes rivales, las diferentes ciudades compartían una misma lengua y una misma religión. Atenas y Esparta eran las dos más poderosas y se enfrentaron en numerosas guerras. Atenas destacaba como centro de saber y cultura, y Esparta por sus audaces guerreros.

Olimpia

Tebas

PELOPONESO

Argos

Megara

Esparta

Atenas

CRETA

MAR MEDITERRÁNEO

CIUDADES-ESTADO

MEGARA
Era una ciudad rica que competía con la vecina Atenas. Megara fundó varias colonias en el mar Negro.

ARGOS
Esta ciudad-estado mantuvo una prolongada lucha con Esparta por el control del sur de la península del Peloponeso.

COLONIAS
Las ciudades-estado fundaron otras más pequeñas en la cuenca mediterránea con fines **comerciales**.

JUEGOS OLÍMPICOS

Cada cuatro años las ciudades-estado se reunían en la ciudad de Olimpia, al este, para honrar a sus dioses con una serie de competiciones deportivas. Todas las guerras quedaban interrumpidas durante los Juegos Olímpicos.

ASIA MENOR

MAR EGEO

● Éfeso

● Mileto

CULTURA HELÉNICA

Así se llama la cultura común a todas las ciudades-estado griegas.

ÉFESO
Éfeso era un centro de comercio. El Templo de Artemisa de la ciudad, hoy en ruinas, era una de las Siete Maravillas del Mundo.

MILETO
Esta ciudad-estado fundó varias colonias y produjo filósofos destacados, como Tales.

TEBAS
Enemiga acérrima de Atenas, Tebas era una de las ciudades-estado más antiguas. Alcanzó su máximo poder hace 2400 años.

Alejandro Magno

En los siglos V y IV a. C. las ciudades-estado griegas perdieron su poder y el vecino reino de Macedonia se fue haciendo más fuerte. El rey macedonio Filipo II invadió Grecia. En diez años, del 336 al 327 a. C., su hijo Alejandro conquistó a los persas y prácticamente todo el mundo conocido. Su gran imperio se extendía desde Grecia, al oeste, hasta la India, al este, y Egipto, al sur.

BUCÉFALO
Alejandro luchó en muchas batallas a lomos de su caballo Bucéfalo.

CONQUISTAS

Primero Alejandro conquistó Asia Menor. A continuación tomó Fenicia, Egipto y Mesopotamia. **Derrotó** a los persas en numerosas batallas y acabó tomando Persépolis, su capital. Desde allí siguió avanzando hacia el este y derrotó al rey indio Poros.

ARISTÓTELES
El gran filósofo griego Aristóteles fue maestro del joven Alejandro.

EUROPA

Macedonia

Asia Menor

Grecia

Mar Mediterráneo

ASIA

Fenicia

IMPERIO DE ALEJANDRO

Mesopotamia

Persia

Libia

India

Egipto

ÁFRICA

ALEJANDRO

DARÍO III

LA BATALLA DE ISSOS

Conmocionado por las noticias de las conquistas de Alejandro, el rey persa Darío III decidió enfrentársele en la llanura de Issos, Siria, en 333 a. C. Darío sufrió una desastrosa derrota.

70 CIUDADES fundó Alejandro durante sus conquistas.

ESTRATEGIA MILITAR

En la batalla los soldados macedonios se alineaban sin dejar huecos. Los de la primera fila llevaban unas largas lanzas. Formaban una barrera que el enemigo no podía traspasar.

1 Un grupo más pequeño formaba a la derecha, al lado de la caballería.

EJÉRCITO ENEMIGO

CABALLERÍA

2 Ese grupo iniciaba el ataque, rompiendo las filas enemigas.

3 La caballería pasaba por la brecha abierta.

El Imperio romano

En su momento de máximo esplendor, en el siglo I, el Imperio romano ocupaba toda la cuenca Mediterránea. El Imperio se extendió a partir de la República romana, pero la última República sufrió una amarga guerra civil que Augusto, el primer emperador, llevó a su fin. Augusto y sus sucesores fundaron uno de los imperios más poderosos de la historia.

Océano Atlántico

EUROPA

IMPERIO ROMANO

● Roma

Mar Negro

ASIA

ÁFRICA

Mar Mediterráneo

UN IMPERIO INMENSO
Más de 50 millones de personas vivían bajo la ley romana.

NERÓN
El emperador Nerón ordenó incendiar Roma y después culpó a los cristianos, a los que odiaba. El Senado romano lo declaró enemigo público y Nerón se suicidó.

AUGUSTO
Bajo el mando de su primer emperador, los ejércitos romanos conquistaron nuevas tierras para agrandar y enriquecer el Imperio.

TRAJANO
El Imperio romano alcanzó su máxima expansión durante el reinado del emperador Trajano (98-117 d. C.). En su honor se erigió en Roma la Columna de Trajano, que cuenta la historia de la conquista de Dacia (actual Rumanía).

5 SIGLOS
El tiempo que duró el Imperio romano.

ARCOS DE TRIUNFO
Estos monumentos se construían para conmemorar las victorias de los ejércitos romanos.

PAX ROMANA
El nombre del período de paz que comportó el Imperio romano.

La caída del Imperio romano

Son muchos los factores que llevaron a la caída del Imperio romano, entre ellos crisis económicas, luchas de poder, una crisis religiosa e incursiones de pueblos del norte. Al final el Imperio no pudo resistir ante los invasores, y hace unos 1500 años quedó dividido en dos.

COLONIAS

El Imperio se vio obligado a abandonar muchas de sus colonias, como la de Volubilis, en el norte de África, que después fue ocupada por los árabes.

EDAD MEDIA

La caída del Imperio romano dio paso a la Edad Media.

CRISTIANISMO

El cristianismo se extendió en los siglos posteriores a la muerte de Jesucristo. Al principio los cristianos eran perseguidos porque negaban que el emperador fuera un dios, pero en el año 337 Constantino se bautizó antes de morir. Al poco tiempo el cristianismo era la religión oficial del Imperio.

INVASIONES

Tribus del norte de Europa —godos, vándalos, francos y hunos— atacaron el Imperio romano cada vez con mayor frecuencia. Esas invasiones llevaron al derrocamiento del último emperador.

476

El año del fin del Imperio romano de Occidente.

DIVISIÓN

Cuando el Imperio romano dejó de crecer, se acabaron las nuevas fuentes de esclavos y materiales, y empezó la crisis económica: no podía pagar a un ejército cada vez más numeroso ni soportar los costes administrativos de toda su maquinaria. El Imperio se dividió en dos: el de Occidente, con base en Roma, y el de Oriente, con base en Constantinopla. El emperador Teodosio (derecha), muerto en 395, fue el último emperador que gobernó todo el Imperio.

El papado de Roma

En el ocaso del Imperio romano el cristianismo se había convertido ya en religión multitudinaria. Y durante toda la Edad Media el poder de los líderes cristianos no hizo más que aumentar. La Iglesia católica se hizo muy poderosa. Su mayor autoridad era el papa, el obispo de Roma.

OBISPOS
Los obispos están a cargo de zonas llamadas diócesis.

BASÍLICA DE SAN PEDRO
La basílica de San Pedro está situada en la Ciudad del Vaticano, en Roma. El primer edificio se construyó en el siglo IV, y el actual data del siglo XVI.

265
El número de papas que ha habido en 2000 años de cristianismo.

PODER POLÍTICO
El poder de la Iglesia católica aumentó durante la Edad Media. El papa se convirtió en uno de los hombres más poderosos de Europa.

EL VATICANO

En el siglo IV el emperador romano Constantino cedió el palacio de Letrán, su residencia estival en Roma, al obispo de la ciudad. Después de eso el poder de la Iglesia aumentó de tal manera que llegó a controlar unos territorios llamados Estados Pontificios, alrededor del Vaticano.

LOS PALACIOS DEL VATICANO

Los palacios más antiguos, hogar de varios papas, se construyeron en el siglo IX. Los más grandes datan de los siglos XV y XVI.

LA IGLESIA SE DIVIDE EN DOS

En los primeros años de la Iglesia se tenían ideas muy distintas sobre cómo se debía practicar el cristianismo. Se celebraron ocho concilios con la intención de unificar la Iglesia, pero sin éxito. En el siglo XI la Iglesia católica apostólica ortodoxa (la oriental), con base en Constantinopla, acabó por separarse de la romana (la occidental).

SAN PEDRO

San Pedro fue uno de los apóstoles de Jesús. Se le considera el primer papa. Fue enterrado en Roma.

Los vikingos

Los vikingos eran un pueblo escandinavo que, a partir del siglo VIII, emprendió una serie de audaces travesías. Durante los tres siglos siguientes invadieron países al sur y al oeste. Llegaron hasta Rusia, entraron en Francia, conquistaron partes de Irlanda y del norte de Gran Bretaña, y saquearon el Mediterráneo. Llegaron incluso a la costa de Norteamérica.

MONEDAS
La navegación era una parte esencial de la vida vikinga. En tumbas, joyas y monedas vikingas aparecen con frecuencia embarcaciones.

ARMAS
La espada era la posesión más preciada de un vikingo.

CONTRIBUCIÓN POSITIVA
A pesar del terror que inspiraban sus ataques, la contribución de los vikingos al **comercio** fue positiva. Solían adoptar las costumbres de las tierras que conquistaban.

SOCIEDAD VIKINGA
Desde el siglo IX los pueblos escandinavos estaban organizados en reinos independientes. En la cima del poder había un rey, rodeado por una corte de nobles. Los guerreros vikingos se dedicaban a la guerra y la exploración. En el nivel inferior de la estructura estaban los campesinos y los siervos (esclavos).

CREENCIAS
Las creencias vikingas se basaban en unos mitos que explicaban el comienzo del mundo. Tenían muchos dioses. Odín, dios de la guerra, la sabiduría, la poesía y la música, era el principal. Su hijo Thor era el dios del trueno y protector del pueblo.

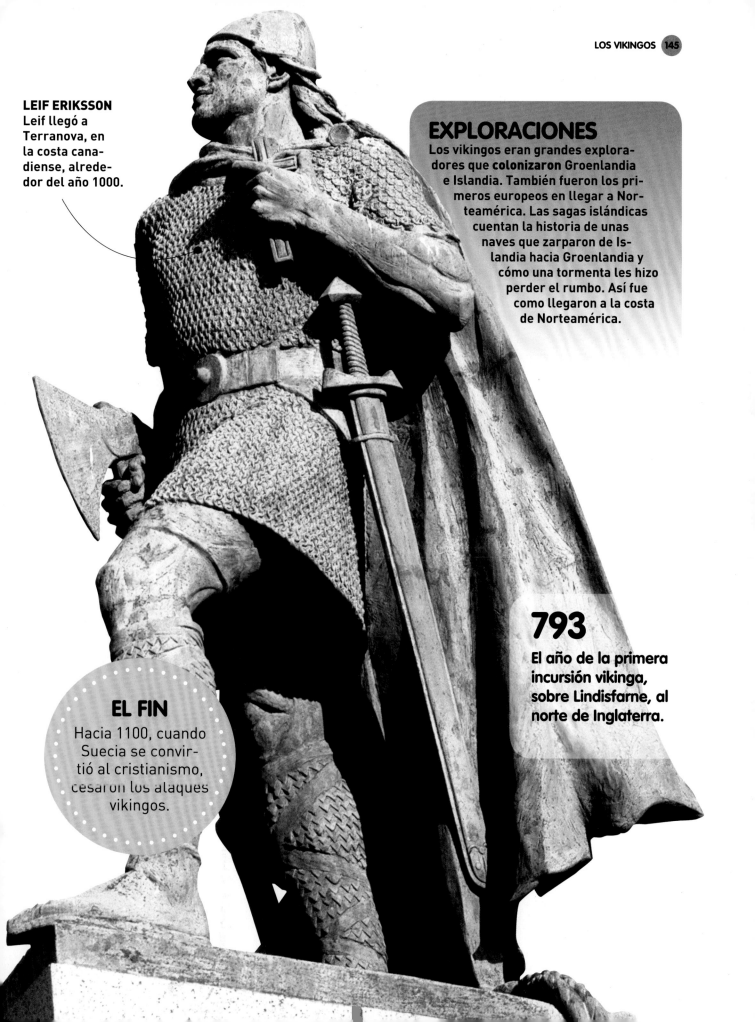

LEIF ERIKSSON
Leif llegó a Terranova, en la costa canadiense, alrededor del año 1000.

EXPLORACIONES
Los vikingos eran grandes exploradores que **colonizaron** Groenlandia e Islandia. También fueron los primeros europeos en llegar a Norteamérica. Las sagas islándicas cuentan la historia de unas naves que zarparon de Islandia hacia Groenlandia y cómo una tormenta les hizo perder el rumbo. Así fue como llegaron a la costa de Norteamérica.

793
El año de la primera incursión vikinga, sobre Lindisfarne, al norte de Inglaterra.

EL FIN
Hacia 1100, cuando Suecia se convirtió al cristianismo, cesaron los ataques vikingos.

El mundo islámico

La religión islámica surgió en Arabia a principios del siglo VII, fundada por el profeta Mahoma. Fue él quien dictó los preceptos de la nueva religión, y también construyó un Estado basado en ellos. Al cabo de solo 50 años el islamismo se había extendido desde la península arábiga hasta el Atlántico por el oeste y la India por el este.

AL-ANDALUS

El sur de la Península Ibérica, conquistado por los árabes en el siglo VIII, se convirtió en un Estado rico, gobernado separadamente desde los califatos abasí y fatimí de Oriente.

ORGANIZACIÓN

Los seguidores del islamismo estaban unidos por un líder religioso llamado califa. Por debajo del califa estaban los **emires** y los príncipes locales.

AL-ANDALUS
Sevilla ● ● Córdoba
● Granada
● Gibraltar

Mediterráneo
● Túnez

BEREBERES

LA MECA

La Meca era en un principio un **santuario** para las tribus nómadas del desierto, pero en el año 612 Mahoma empezó a predicar allí, y desde entonces ha sido una ciudad sagrada para los musulmanes.

MAHOMA

Huérfano desde muy pequeño, Mahoma viajó a Siria. En el año 612 empezó a predicar en la Meca tras convertir a su familia y amigos. Mahoma también fue un líder guerrero que consiguió unificar a las tribus árabes después de una serie de batallas.

BAGDAD
Bagdad fue desde el siglo VIII la capital del califato abasí, durante el cual el islamismo alcanzó su máximo poder.

CONTROL DEL COMERCIO
Durante muchos años los musulmanes controlaron las principales rutas **comerciales** entre Oriente y Occidente. Todas las mercancías procedentes de China, la India y Rusia llegaban a Europa cruzando territorios musulmanes.

BIZANCIO
nstantinopla

PERSIA

Bagdad

Damasco

EGIPTO

Medina

La Meca

ARABIA

Mar Arábigo

Mar Rojo

MEDINA
Cuando Mahoma unificó la península arábiga, Medina se convirtió en la primera capital musulmana.

CALIFA
El líder político y espiritual de una comunidad musulmana.

ARABIA
Antes de Mahoma, la península arábiga estaba habitada por tribus nómadas. Muchas rutas comerciales cruzaban el desierto, reclamado tanto por los persas como por los bizantinos.

CULTURA Y CIENCIA
Bajo la influencia árabe prosperaron las artes y las ciencias. Los árabes tomaron textos de la antigua Grecia y de China y siguieron profundizando en el conocimiento que contenían.

El islam y la ciencia

En la Edad Media el mundo musulmán realizó grandes avances científicos. Eruditos musulmanes tradujeron y estudiaron obras de las antiguas Grecia y Roma, y
siguieron profundizando en sus conocimientos. En ciudades musulmanas se fundaron universidades que se convirtieron en centros de estudios científicos. Los eruditos
árabes realizaron avances en muy diversas disciplinas, en particular en matemáticas,
astronomía y medicina.

MATEMÁTICAS

Uno de los grandes logros
del mundo árabe fue di-
fundir el sistema decimal,
en vigor en la India. Ese
sistema incluía por primera
vez el concepto de cero.

MECÁNICA

Los árabes cons-
truyeron exce-
lentes máquinas,
como este reloj
de agua.

ASTRONOMÍA

Los árabes desarrollaron nuevas
formas de estudiar las estrellas.
Confeccionaron calendarios exac-
tos y mapas de los planetas, e
inventaron instrumentos para calcular la posición de las estrellas.

MEDICINA

La medicina avanzó con descubrimientos químicos, el aprovechamiento de plantas medicinales y el estudio de la anatomía humana. Se decía que los médicos árabes eran los mejores del mundo, y no era raro que reyes y príncipes cristianos requirieran su presencia.

400

La cantidad de libros que escribió Avicena.

AVICENA

Médico, naturalista y filósofo persa, Avicena trabajó en la corte de Bagdad en el siglo X. Su libro *Canon de medicina* ofrecía un sistema médico completo que otros médicos podían seguir.

INTERCAMBIO

La tolerancia de otras culturas permitió a los árabes aprender nuevas cosas.

ASTROLABIO
Este instrumento permitía a los marinos orientarse calculando la posición de las estrellas.

Gengis Kan y el Imperio mongol

En el siglo XIII Gengis Kan reagrupó a las distintas tribus mongolas en un nuevo y poderoso Estado mongol. Con ayuda de un hábil e implacable ejército, reunió el imperio continental más grande de la historia.

MENSAJEROS

Los emperadores mongoles tenían 10 000 mensajeros a caballo dispersos por todo el Imperio.

FEDERACIÓN MONGOLA

El primer logro de Gengis Kan fue unificar las tribus mongolas en una federación.

GENGIS KAN

Nacido hacia el año 1162 en el seno de una familia aristocrática de una pequeña tribu mongola, su nombre original era Temujin. Tras luchar contra otras tribus, llegó a gobernar la nueva confederación de tribus mongolas. En 1206 fue elegido líder supremo de los mongoles y le dieron el nombre de Gengis Kan. Murió en 1227 durante una campaña militar.

GRAN IMPERIO

En poco más de 20 años Gengis Kan conquistó toda el Asia Central. Su imperio se extendía del mar Caspio al océano Pacífico, ya que conquistó Persia, Afganistán, parte de Rusia y el norte de China.

IMPERIO BIZANTINO

IMPERIO DE GENGIS KAN

CENTRO DEL IMPERIO MONGOL

Jerusalén
Samarcanda
Karakórum

CHINA
TÍBET
Delhi
ARABIA
Mar Arábigo
INDIA
BIRMANIA

5000 km
de punta a punta medía el Imperio mongol a la muerte de Gengis Kan.

EL EJÉRCITO MONGOL

Los éxitos militares de los mongoles fueron posibles por la eficiente organización de su ejército. Era un ejército del pueblo y los hombres se entrenaban desde niños para la guerra. Eran famosos por su crueldad, porque solían matar a sus prisioneros.

EQUIPAMIENTO

Los soldados mongoles llevaban armadura de cuero, casco de acero y abrigo de piel, además de un arco o una lanza, un escudo, un hacha y varios venablos.

DESTREZA ECUESTRE

Los mongoles eran excelentes jinetes. Como llevaban estribos, inventados en China, podían manejar sus armas sin dejar de cabalgar.

EL ÚLTIMO GRAN KAN

Solo 30 años después de la muerte de Gengis Kan, el Imperio mongol se vino abajo. El último gran emperador fue Kublai Kan, nieto de Gengis Kan. Concluyó la conquista de China y trasladó la capital mongola a Pekín. Bajo la **dinastía** Yuan, fundada por Kublai Kan, China alcanzó los límites de sus fronteras actuales.

Renacimiento y humanismo

Entre los siglos XIV y XVI, en Europa occidental se obtuvieron unos logros científicos y culturales que le valieron a la época el nombre de Renacimiento. Un nuevo movimiento, el humanismo, destacó la importancia de la educación. Se recuperaron los valores de los antiguos griegos y romanos, rompiendo con las restricciones religiosas de la Edad Media.

HUMANISMO

Los humanistas pusieron al individuo en el centro del mundo y cuestionaron la autoridad de la Iglesia.

IMPRENTA
Inventada por Johannes Gutenberg hacia el año 1450, la imprenta ayudó a difundir con rapidez las nuevas ideas.

HOMBRES DE CIENCIA

Durante el Renacimiento los científicos empezaron a basar sus estudios en experimentos, lo que no tardó en dar buenos resultados.

LEONARDO DA VINCI
Además de pintor, Leonardo da Vinci fue inventor y físico.

NICOLÁS COPÉRNICO
Copérnico sugirió que la Tierra giraba alrededor del Sol. Antes, la gente creía que era el Sol el que giraba alrededor de la Tierra.

PARACELSO
Paracelso fue médico que estudió por primera vez la relación entre síntomas y enfermedades.

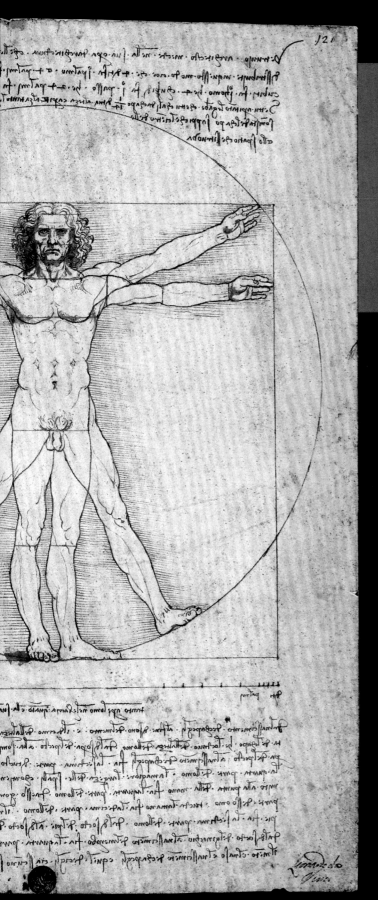

UNA NUEVA VISIÓN DEL HOMBRE

Durante la Edad Media Dios había sido el centro de todo el arte y el pensamiento, pero el Renacimiento y el humanismo colocaron al ser humano en el centro de todas las cosas. Por primera vez se creía que el hombre era responsable de su propio destino. Este dibujo de Leonardo da Vinci, el *hombre de Vitruvio,* llegó a simbolizar el pensamiento del Renacimiento.

CATEDRAL DE FLORENCIA

El Duomo, como se la llama normalmente por su magnífica cúpula, es una de las iglesias más bellas del Renacimiento. Fue obra de Filippo Brunelleschi.

ITALIA, CORAZÓN DEL RENACIMIENTO

El Renacimiento se inició en las prósperas ciudades-estado de Italia. Ricos príncipes se hicieron mecenas de los nuevos pensadores y artistas.

Conquista de América

El 3 de agosto de 1492 Cristobal Colón zarpó de Europa hacia el oeste, y el 12 de octubre llegó a un continente que desconocía: América. Al poco tiempo numerosas expediciones partieron de Europa para conquistar las nuevas tierras descubiertas. Las potencias europeas se impusieron a los pueblos indígenas, y empezó un largo período de colonización.

33
El número de días que Colón navegó sin avistar tierra.

DESCUBRIDOR ACCIDENTAL
Cristobal Colón era un marino genovés que zarpó desde España con el fin de descubrir una nueva ruta hacia las Indias. Pero lo que descubrió fueron las Bahamas, en el Caribe. Realizó tres viajes más a las Américas, siempre creyendo que iba rumbo a Asia.

RELIGIÓN
Además de conquistas militares, los europeos querían convertir a los pueblos de las Américas al cristianismo.

CONQUISTA DE LOS PUEBLOS NATIVOS
Los conquistadores españoles recién llegados se encontraron con dos culturas avanzadas, los aztecas en México y los incas en Perú, y los derrotaron a ambos.

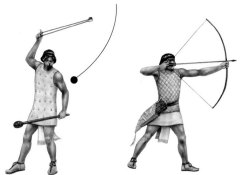

CONQUISTADORES
Los conquistadores poseían armaduras y armas más poderosas que los pueblos que encontraron en las Américas. También llevaron consigo nuevas enfermedades, como la gripe, que mató a millones de indígenas.

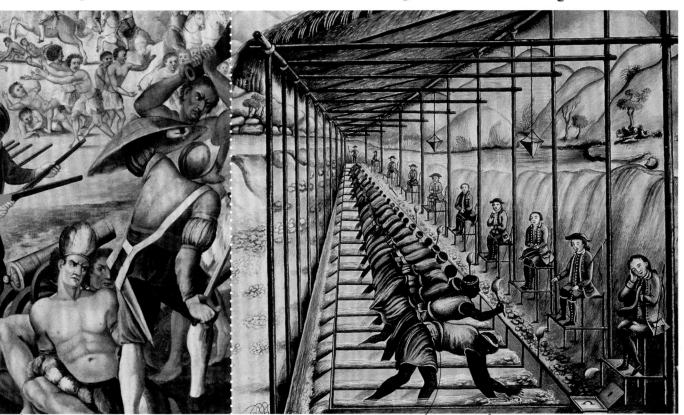

CONQUISTA
La conquista de los pueblos nativos de las Américas fue sangrienta. Los españoles conquistaron el Caribe y América Central y **derrotaron** a los aztecas en México y a los incas en Perú. Los portugueses conquistaron Brasil, mientras que los franceses y los británicos invadieron por el norte.

ESCLAVOS
Los portugueses llevaron esclavos para trabajar en sus plantaciones de Brasil. El número de muertes por enfermedad entre la población nativa era tan elevado que tuvieron que llevar esclavos de otros sitios para sacar adelante las plantaciones.

ERA COLONIAL
En los siglos que siguieron a la conquista las potencias europeas fundaron colonias en las Américas. Mandaron a Europa oro y plata, y en el Nuevo Continente establecieron plantaciones para el cultivo de café, azúcar y tabaco.

La Revolución francesa

En 1789 la poderosa monarquía francesa fue derrocada y el rey Luis XVI y la reina María Antonieta fueron ejecutados, dándose paso a una nueva era en que la política y la justicia estaban en manos del pueblo. Eso fue la Revolución francesa, donde se luchó bajo el lema «Libertad, igualdad, fraternidad». Así empezó la Era Moderna.

JACOBINOS

Fueron los revolucionarios radicales que lideraron los años más sangrientos de la Revolución.

CAUSAS

1 Una monarquía muy rígida en un mundo cambiante.

2 El desarrollo de una nueva y poderosa clase, la burguesía, que se había enriquecido con el **comercio**.

3 La infelicidad de la gente común.

4 La difusión de las nuevas ideas sobre libertad.

5 La crisis económica que sufrió Francia tras varios años de malas cosechas.

LOS ROSTROS DE LA REVOLUCIÓN

JOSEPH SIEYÈS

GEORGES JACQUES DANTON

JEAN-PAUL MARAT

LOS DERECHOS DEL HOMBRE Y DEL CIUDADANO

Este documento fue publicado el 26 de agosto de 1789. Exponía el derecho a la libertad y la propiedad, y declaraba que todos los ciudadanos eran iguales ante la ley.

TOMA DE LA BASTILLA

El 14 de julio de 1789 el pueblo de París tomó la Bastilla y liberó a los prisioneros. Fue un acontecimiento clave de la Revolución francesa.

UNA DÉCADA DECISIVA

El antiguo régimen cayó y el país pasó a ser gobernado por el «Tercer Estado»: la burguesía y la gente común. Esto sucedió el 17 de junio de 1789. La Revolución terminó en 1799 con un golpe de Estado que le dio el poder a Napoleón Bonaparte.

MAXIMILIEN ROBESPIERRE

CAMILLE DESMOULINS

MARQUÉS DE LA FAYETTE

LOUIS SAINT-JUST

La Revolución industrial

Entre la segunda mitad del siglo XVIII y los primeros años del siglo XX, la Revolución industrial transformó el modo en que la gente vivía y trabajaba. Empezó en Gran Bretaña y se extendió por el resto de Europa. Se abandonaron los antiguos métodos de trabajo y se construyeron fábricas y maquinaria para fabricar nuevos productos. En el siglo XIX el proceso se aceleró gracias a la llegada del ferrocarril, que permitió transportar mercancías y personas de un lado a otro de forma mucho más rápida y en mayor número que antes.

14 HORAS
La jornada laboral durante la Revolución industrial.

NATALIDAD
La población europea creció mucho en estas décadas. En 1850 se alcanzaron los 213 millones de personas.

PRODUCCIÓN EN CADENA

La producción en cadena fue una forma nueva y eficaz de fabricación. Cada trabajador realizaba solo una parte del proceso, con máquinas especializadas. Así era mucho más barato y rápido obtener un producto que cuando todo el proceso corría a cargo de la misma persona.

HILADORA JENNY
En 1764 el inglés James Hargreaves inventó esta hiladora multibobina.

Engraved by T.E. Nicholson.

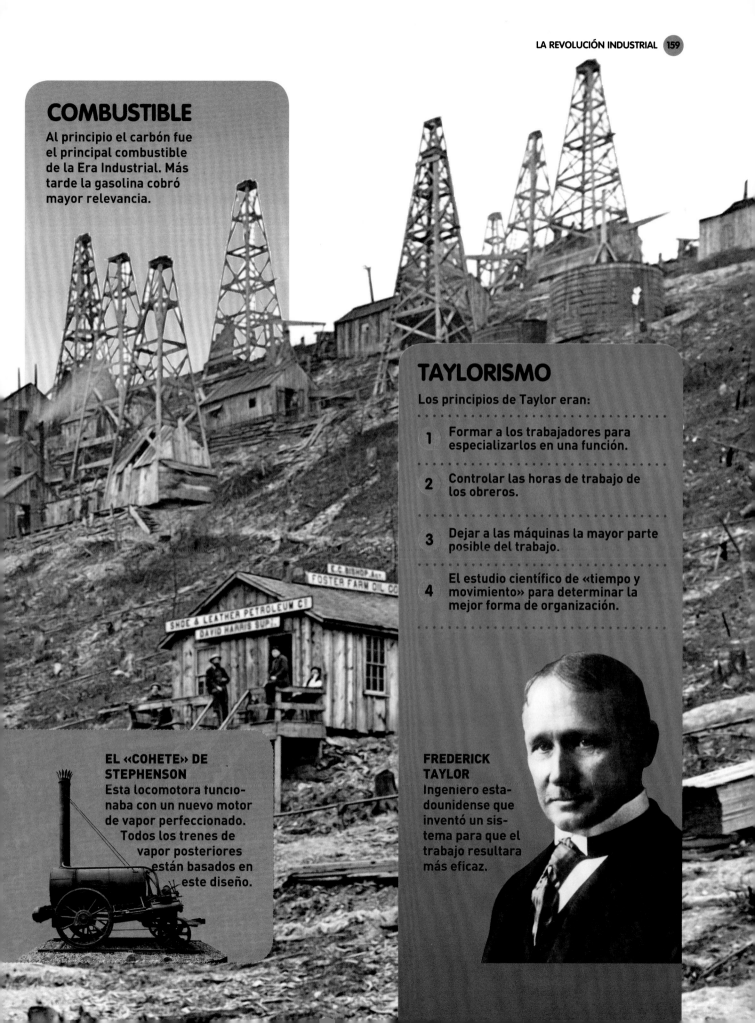

COMBUSTIBLE

Al principio el carbón fue el principal combustible de la Era Industrial. Más tarde la gasolina cobró mayor relevancia.

TAYLORISMO

Los principios de Taylor eran:

1 Formar a los trabajadores para especializarlos en una función.

2 Controlar las horas de trabajo de los obreros.

3 Dejar a las máquinas la mayor parte posible del trabajo.

4 El estudio científico de «tiempo y movimiento» para determinar la mejor forma de organización.

EL «COHETE» DE STEPHENSON

Esta locomotora funcionaba con un nuevo motor de vapor perfeccionado. Todos los trenes de vapor posteriores están basados en este diseño.

FREDERICK TAYLOR

Ingeniero estadounidense que inventó un sistema para que el trabajo resultara más eficaz.

Revolución estadounidense

A mediados de la década de 1700 Gran Bretaña poseía 13 colonias en Norteamérica (sin contar Canadá). Cobraba impuestos a sus habitantes, pero no les dejaba opinar sobre la forma en que los gobernaba. Los colonos se quejaron y el Gobierno británico envió soldados a acallar las protestas. En abril de 1775 una confrontación armada en Lexington, Massachusetts, desató la Guerra de Independencia.

REVOLUCIONARIOS

La primera gran batalla se libró en Bunker Hill, cerca de Boston, el 17 de junio de 1775. George Washington dirigió las fuerzas revolucionarias; en el dibujo, cruzando el río Delaware la Nochebuena de 1776.

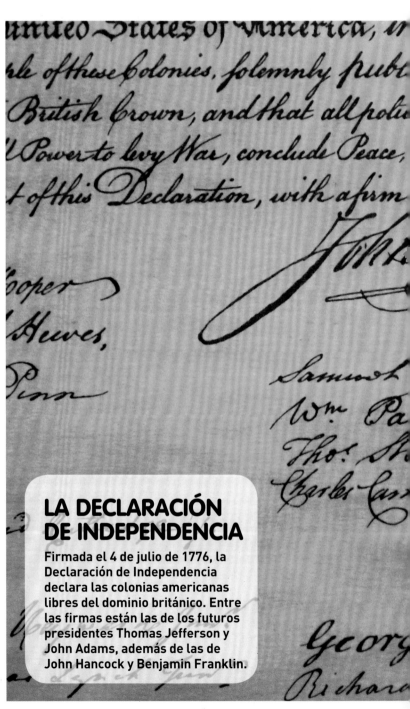

CRONOLOGÍA

1775 Empieza la Guerra de Independencia de Estados Unidos.

1776 El 6 de julio el Congreso Continental (el organismo que gobernaba las 13 colonias) adopta la Declaración de Independencia.

1777 Los británicos derrotados en Saratoga, Nueva York. Francia se alía con los colonos. Los británicos toman Filadelfia, Pensilvania.

1778 Los británicos capturan Savannah, Georgia.

1779 España entra en guerra como aliada de los colonos.

1780 Los holandeses se alinean con los americanos. Victoria británica en Charleston, Carolina del Sur.

1781 Tras el sitio de Yorktown, Virginia, los británicos se rinden.

LA DECLARACIÓN DE INDEPENDENCIA

Firmada el 4 de julio de 1776, la Declaración de Independencia declara las colonias americanas libres del dominio británico. Entre las firmas están las de los futuros presidentes Thomas Jefferson y John Adams, además de las de John Hancock y Benjamin Franklin.

1781

El año en que las tropas británicas, vencidas en Yorktown, se rinden, lo que supone el fin de la guerra.

ALIADOS

Otros países entraron en guerra del lado de los colonos. Entre ellos estaban Francia, España y Holanda.

PAUL REVERE

Paul Revere, un herrero de Boston, cabalgó toda una noche para avisar a las tropas americanas de la llegada de las británicas antes de las batallas de Lexington y Concord, en abril de 1775.

LIBERTADORES

Acabada la Guerra de Independencia de Estados Unidos, las colonias de Sudamérica lucharon por independizarse de España y Portugal. Dos grandes líderes de esa campaña fueron Simón Bolívar y José de San Martín.

La lucha por África

En la década de 1880 las potencias europeas, en especial Gran Bretaña, Francia, Alemania y Portugal, empezaron a **colonizar** grandes partes de África. A medida que se iban enriqueciendo gracias a la **industrialización**, buscaban nuevas materias primas y deseaban establecer en África plantaciones que les suministraran productos como café, azúcar y madera. En solo 20 años, casi todo el continente africano había pasado a manos europeas.

EXPLORACIÓN Y CONQUISTA

A lo largo del siglo XIX las sociedades geográficas europeas financiaron expediciones a África. Muchas de ellas tenían un objetivo pacífico y científico, pero abrieron el camino a posteriores conquistas militares en el continente.

DECLIVE ZULÚ

En la década de 1870 el reino Zulú dominaba el sur de África. Pero los zulúes fueron **derrotados** en las guerras con los británicos y los bóeres, y se rompieron sus sueños de fundar un imperio.

GUERREROS ZULÚES
Este es un grabado del siglo XIX.

BÓERES

Colonos holandeses, se rebelaron contra los británicos en Sudáfrica. Cayeron en las Guerras de los Bóeres (1899-1902).

CANAL DE SUEZ

El **canal** de Suez abrió una ruta de Europa a la India. En 1875 Egipto vendió sus acciones del estratégico canal. El primer ministro británico, Benjamin Disraeli, las compró, dando con ello un gran peso a la presencia británica en África.

BENJAMIN DISRAELI
Caricatura del primer ministro británico publicada en el *London Sketch Book*.

MISIONERO

El misionero británico David Livingstone creía en la divulgación de «las tres ces»: cristianismo, comercio y civilización. Exploró África desde 1841 hasta su muerte, en 1873.

Escuela de misioneros franceses en África.

Primera Guerra Mundial

La Primera Guerra Mundial duró de 1914 a 1918. Lucharon más de 60 millones de soldados, y 10 millones de hombres perdieron la vida. El conflicto se extendió a 32 países, con los «Aliados» —entre ellos Gran Bretaña, Francia, Rusia y Estados Unidos— luchando contra las «Potencias Centrales» —Alemania, Austria-Hungría y el Imperio otomano—. La guerra estalló tras un período de tensión en Europa, y también estuvieron implicadas colonias europeas de todo el mundo. Las nuevas tecnologías hicieron que murieran muchos más soldados que en cualquier guerra anterior.

ALIANZAS DE GUERRA

Julio-agosto de 1914
Declarada la guerra entre las Potencias Centrales y los Aliados.

Agosto de 1914
Japón declara la guerra a Alemania para apoderarse de sus colonias en China.

Octubre de 1914
Turquía (los otomanos) entra en guerra en el bando de las Potencias Centrales.

Mayo de 1915
Italia entra en guerra del lado de los Aliados.

Octubre de 1915
Bulgaria se une a las Potencias Centrales.

Marzo de 1916
Portugal se une a los Aliados.

Agosto de 1916
Rumanía se une a los Aliados.

Abril de 1917
Estados Unidos declara la guerra a las Potencias Centrales.

Noviembre de 1918
Alemania firma el armisticio con los Aliados, admitiendo su **derrota**. Termina la guerra.

FRENTE OCCIDENTAL

En 1914 el ejército alemán llegó a 24 km de París. Los franceses lo detuvieron en la batalla del Marne. Siguieron cuatro años de sangrientos combates, pero esas posiciones no cambiaron. Las trincheras protegían en cierto modo a los soldados, pero eran frías, húmedas y fangosas. En la fotografía, unos soldados en la batalla del Somme, en 1916. En ella ninguno de los dos bandos ganó demasiada ventaja.

PRINCIPALES BATALLAS

La guerra demostró el poder del nuevo armamento industrializado. Ametralladoras, tanques y otros nuevos equipos eclipsaron cualquier guerra anterior. La guerra duró mucho más de lo que ambos bandos pensaban, porque ninguno de los dos logró romper las defensas enemigas.

1 Marne
Dos millones de hombres participaron en esta batalla en septiembre de 1914. Murieron más de 300 000.

2 Galípoli
En 1915 tropas aliadas lucharon por el control de los Dardanelos, ruta marítima a Rusia. Fueron derrotadas por los turcos y murieron más de 300 000 personas.

3 Tannenberg
En agosto de 1914 el ejército alemán derrotó a los rusos. Esta fue la primera de una serie de victorias alemanas en el Frente Oriental.

4 Jutlandia
Batalla naval entre Gran Bretaña y Alemania por el control del mar del Norte. Los británicos sufrieron muchas bajas, pero ganaron la batalla en mayo de 1916.

5 Verdún
Esta batalla se libró entre febrero y diciembre de 1916. Murieron más de 250 000 soldados.

6 Somme
Se libró entre junio y noviembre de 1916 y hubo más de dos millones de bajas. Se usaron tanques por primera vez, en las filas británicas.

Revolución rusa

En 1917, mientras la Primera Guerra Mundial devastaba Europa, en Rusia tuvo lugar una revolución. Se expropiaron la tierra y las fábricas, que pasaron a manos de los campesinos y obreros. Dirigió la Revolución el grupo **comunista** de los bolcheviques, capitaneados por Vladimir Lenin. Fue la primera revolución comunista de la historia.

NICOLÁS I

Nicolás, el último zar (monarca) de Rusia, y su familia fueron ejecutados por los bolcheviques en 1918. Su gobierno había sido muy conflictivo y él era un líder débil. La terrible pérdida de vidas en la Primera Guerra Mundial fue el último factor decisivo que llevó a su caída.

Le Petit Journal
SUPPLEMENT ILLUSTRÉ

FÊTES DU COURONNEMENT EN RUSSIE
Le Tsar en costume du sacre

EN CONTRA DEL ZAR

En febrero de 1917 hubo una manifestación masiva contra el zar en la que se quemaron símbolos zaristas (abajo). En octubre los revolucionarios tomaron el Palacio de Invierno, símbolo del poder monárquico.

EL PODER PARA EL PUEBLO

En su libro *El Estado y la revolución*, Lenin expuso su idea de una nueva sociedad en la que el poder político recaía en la gente común y trabajadora, el proletariado.

LENIN

Lenin dirigió Rusia de 1917 a 1922, cuando sufrió un infarto. Murió en 1924, a los 53 años.

Auge del fascismo

En el período de entreguerras regímenes **totalitarios** tomaron el poder en varios países de Europa. En 1922 los **fascistas** de Benito Mussolini lo hicieron en Italia, y en 1933 los nazis de Adolf Hitler en Alemania. Estos dos líderes se convirtieron en aliados. Hitler emprendió una serie de invasiones a países vecinos de Alemania que terminaron dando paso a la Segunda Guerra Mundial.

MEDIOS

Los regímenes totalitarios transmitían sus ideas a través del cine y de la radio.

IDEOLOGÍA

Los nazis alemanes y los fascistas italianos compartían muchas ideas y creencias. Promovían un fuerte nacionalismo y estaban en contra del comunismo y la democracia liberal. Mataban o encarcelaban a cualquier opositor. Hitler lanzó una campaña antijudía que terminó con el Holocausto, en el que murieron 6 millones de judíos.

Este cartel anuncia una película nazi de 1936.

IL DUCE
Este era el nombre que le dieron a Benito Mussolini; significa «el caudillo». Quería devolver Italia a los tiempos gloriosos de la antigua Roma y adoptó muchos símbolos del pasado romano de Italia.

EL FÜHRER
Nacido en Austria, Adolf Hitler se convirtió en el *führer* (caudillo) de Alemania. Todos los alemanes debían obedecerle sin rechistar.

TROPAS DE ASALTO FASCISTAS ITALIANAS

El partido fascista italiano tenía un grupo paramilitar llamado «camisas negras». Eran unos 30 000 hombres y luchaban contra los oponentes de Mussolini en batallas callejeras.

BENITO MUSSOLINI
Mussolini era maestro, periodista y socialista militante. Tras luchar en la Primera Guerra Mundial, se convirtió en nacionalista militante.

GUERRA CIVIL ESPAÑOLA

En 1936 Francisco Franco, general nacionalista del ejército español, lideró una sublevación contra el Gobierno electo. Así empezó una guerra civil de tres años que dio un balance de 500 000 muertos. Franco ganó la guerra con ayuda de los italianos y los alemanes. Siguió siendo el dictador de España hasta su muerte, en 1975.

FRANCISCO FRANCO
El «generalísimo» gobernó España con una forma estricta de nacionalcatolicismo. Los opositores al régimen eran castigados.

HITLER Y EL NAZISMO ALEMÁN

Hitler llegó al poder en 1933 con un mensaje antisemita, anticomunista y antidemocrático. Pronto estableció un sistema totalitario basado en el concepto de «nacional socialismo» (de ahí el acrónimo «nazi»). Los nazis creían que había una raza europea superior, los supuestos arios, y perseguían a cualquiera que según ellos no perteneciera a esta raza.

Segunda Guerra Mundial

En 1939 Alemania invadió Polonia. Así empezó la Segunda Guerra Mundial. Las Potencias del Eje —Alemania, Italia y Japón— lucharon contra los Aliados, integrados por Francia, Gran Bretaña y, más tarde, la Unión Soviética y Estados Unidos. En total, más de 70 países participaron en la guerra, que duró hasta 1945. Tras unos éxitos iniciales en que los ejércitos del Eje ocuparon gran parte de Europa, en 1941 los alemanes invadieron Rusia. Casi llegaron a Moscú, pero fueron obligados a retroceder, en el frente soviético y también en el norte de África y en Italia. Hacia 1944 los ejércitos del Eje estaban a la defensiva, luchando para contener a los Aliados.

VÍCTIMAS

Unos 60 millones de personas murieron en la guerra: el 2 % de la población mundial.

PEARL HARBOR

El 7 de diciembre de 1941 los japoneses lanzaron un ataque sorpresa a Pearl Harbor, una base militar estadounidense en Hawái, en el océano Pacífico. Destruyeron 18 buques de guerra y 188 aviones, y mataron a más de 2000 personas. Tras el ataque Estados Unidos entró en guerra, junto a los Aliados.

CAÍDA DE BERLÍN

El 30 de abril de 1945 el Ejército Rojo de la Unión Soviética entró en Berlín, la capital alemana. Unos días después el líder alemán, Adolf Hitler, se suicidó, aceptando la victoria de los Aliados en Europa. A finales de ese mismo año se venció también en Asia y se dio por concluida la guerra.

ÁNGELES DE LA MUERTE

Durante la Segunda Guerra Mundial se inventaron nuevos aviones. Con su apoyo a las fuerzas de tierra, los cazas ligeros desempeñaron un papel crucial.

STUKAS

Estos aviones alemanes atacaban a las tropas de tierra.

EL DÍA D

A primera hora de la mañana del 6 de junio de 1944, 156 000 tropas británicas, canadienses y estadounidenses desembarcaron en las costas de Normandía, en el norte de Francia, que estaba ocupada por los alemanes. El desembarco supuso el fin del control alemán de Europa.

La Guerra Fría

El período entre el final de la Segunda Guerra Mundial y la caída del muro de Berlín, en 1989, se conoce como Guerra Fría. Había dos grandes bloques de países opuestos. Por un lado estaba la Unión Soviética, **comunista**, con sus aliados, y por el otro un bloque de países **capitalistas** liderados por Estados Unidos. La Guerra Fría llevó a una carrera armamentística en la que ambos bandos desarrollaron nuevas armas, aunque nunca llegaron a enfrentarse directamente.

BOMBA H

En 1952 Estados Unidos destruyó una isla del Pacífico probando un arma nuclear, la primera bomba de hidrógeno.

ACUERDO DE DESARME

En la década de 1980 el líder de la Unión Soviética, Mijaíl Gorbachov (izquierda), y el presidente de Estados Unidos, Ronald Reagan (derecha), iniciaron negociaciones para acabar con la Guerra Fría. Acordaron reducir sus tropas y desprenderse de su arsenal nuclear. Aun así, esos dos países y varios más siguen disponiendo de armas nucleares.

CRISIS DE LOS MISILES EN CUBA

En 1962 Estados Unidos descubrió pruebas de que la Unión Soviética preveía enviar misiles nucleares a Cuba (derecha), a 150 km de territorio estadounidense, y amenazó con una guerra. Al final, el líder soviético Nikita Jrushchov se hizo atrás y no envió los misiles. Este conflicto fue lo más cerca que los dos bandos llegaron a estar de iniciar una guerra.

EL MURO DE BERLÍN

Erigido en 1961 para separar el Berlín Oriental, comunista, del Berlín Occidental, capitalista, el muro impidió a los alemanes del Este huir a Occidente. Eran 165 km de muro. Mucha gente murió intentando cruzar a Berlín Occidental. El muro cayó el 9 de noviembre de 1989.

EL ORIGEN DE LA «GUERRA FRÍA»

Fue Bernard Baruch (derecha), consejero presidencial estadounidense, quien usó por primera vez la expresión «Guerra Fría». En 1947 dijo en un discurso: «No nos engañemos, estamos en medio de una guerra fría». El término se hizo popular cuando, ese mismo año, Walter Lippmann publicó el libro *The Cold War*.

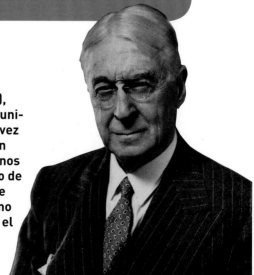

Estados Unidos

En el siglo xx Estados Unidos creció hasta convertirse en una superpotencia. Al acabar la Segunda Guerra Mundial se convirtió en líder del mundo **capitalista**, en oposición al bloque **comunista**, liderado por la Unión Soviética. Cuando la Unión Soviética se derrumbó, en 1991, Estados Unidos quedó como única superpotencia. Estos últimos años la **política exterior** estadounidense ha estado muy marcada por el atentado terrorista del 11 de septiembre de 2001, conocido como 11-S.

ATAQUE A LAS TORRES GEMELAS

El 11 de septiembre de 2001 Estados Unidos sufrió varios de atentados suicidas por parte del grupo terrorista Al-Qaeda, que estrelló dos aviones secuestrados contra las Torres Gemelas de Nueva York y otro contra el Pentágono, un edificio del Gobierno. Además de los 19 secuestradores, 2973 personas murieron y otras 24 siguen desaparecidas. Como resultado de los ataques, Estados Unidos y sus aliados invadieron Afganistán, donde se creía que se escondían los líderes de Al-Qaeda. También promulgaron nuevas leyes que afectaron a las libertades civiles.

160 000

El número de personas que estaban en la zona y sobrevivieron al ataque.

INDEPENDENCIA

Estados Unidos ganó su independencia de Gran Bretaña tras una guerra que duró de 1776 a 1783.

NIXON DIMITE

Richard Nixon fue el primer presidente del país obligado a dimitir. Se descubrió que había ordenado espiar **ilegalmente** a sus rivales. En la foto se ve a Nixon y su esposa abandonar la Casa Blanca, la residencia presidencial, tras su dimisión, en 1974.

EL ASESINATO DE KENNEDY

John F. Kennedy, el presidente elegido en 1961, fue asesinado de un disparo en 1963 en Dallas, Texas, cuando iba en un coche descubierto con su esposa. El asesino, Lee Harvey Oswald, fue a su vez asesinado antes de poder ser juzgado.

GEORGE W. BUSH

Presidente de 2001 a 2009, Bush estaba en el poder cuando tuvieron lugar los atentados del 11-S. Su respuesta fue la guerra contra Afganistán e Iraq.

BARACK OBAMA

Elegido en 2008, Barack Obama fue el primer afroamericano en llegar a la presidencia de Estados Unidos. Cuando nació, en 1961, el matrimonio entre su madre, blanca, y su padre, negro, era ilegal en varios estados del país. Su elección solo fue posible por la lucha por los **derechos civiles** de la década de 1960, gracias a la cual los afroamericanos consiguieron la igualdad de derechos ante la ley.

China, potencia emergente

En 1949, tras una larga guerra civil, Mao Zedong asumió el poder y proclamó la República Popular China, un Estado **comunista**. El inmenso país asiático creció hasta convertirse en una gran potencia. Últimamente una serie de reformas económicas han llevado a un fuerte desarrollo **capitalista** y a un crecimiento económico, pero el Partido Comunista sigue en el poder.

TAIWÁN
Los anteriores líderes chinos huyeron a Taiwán y establecieron un Gobierno opuesto a los comunistas de Pekín.

REFORMAS ECONÓMICAS

A finales de la década de 1980 el líder chino Deng Xiaoping emprendió una serie de reformas económicas que abrieron China a la inversión extranjera. Eso llevó a un gran crecimiento de la industria del país, que ahora es el principal productor del mundo.

CUMBRE
El líder chino Deng Xiaoping se reunió con el presidente estadounidense Jimmy Carter en 1979.

REFORMA AGRARIA EN CHINA

La propiedad de la tierra se colectivizó bajo el mandato del líder Mao Zedong. Los campesinos fueron organizados en cooperativas, encargadas de distribuir el trabajo y los alimentos.

ACUSACIONES
Esta pintura muestra a unos campesinos atacando a un antiguo terrateniente.

1979
El año en que Estados Unidos reconoció oficialmente el Gobierno de Pekín.

MAO ZEDONG

Mao seguía un tipo de comunismo que acabó por conocerse como maoísmo. Una de las principales diferencias entre el comunismo chino y el soviético era el importante papel que en la China de Mao desempeñaban los campesinos y el campo. En 1966 Mao inició un proceso que se denominó Revolución Cultural y que causó el caos porque la gente de las ciudades fue obligada a trasladarse al campo.

CIENCIA Y CULTURA

En casi cualquier parte del mundo vive gente. Diferentes grupos de personas han desarrollado una manera propia de vivir, o cultura, concibiendo nuevas ideas e inventando la tecnología que conforma nuestra vida moderna.

CIUDAD DE NOCHE
Actualmente la mitad de la población mundial vive en ciudades, como Hong Kong (en la fotografía).

Ciencia

A lo largo de los tiempos los seres humanos hemos intentado averiguar cómo funcionan las cosas. La ciencia moderna se sirve de experimentos para aprender más cosas sobre el mundo y comprobar nuevas teorías.

ENSAYOS

Una hipótesis es un intento de explicar el funcionamiento de algo. Los experimentos ponen a prueba las hipótesis.

¿QUÉ ES CIENCIA?

El conocimiento científico se basa en pruebas. Las pruebas se obtienen en experimentos hechos para comprobar si una hipótesis es correcta o no. Si las pruebas demuestran que no lo es, los científicos deben proponer otra. Una hipótesis se convierte en teoría cuando pruebas suficientes demuestran que es cierta. Así pasa a ser una teoría, una explicación de cómo funciona tal cosa.

CONOCIMIENTO CIENTÍFICO

Los científicos intentan descubrir leyes que expliquen cómo funciona el mundo, y esas leyes pueden servir para hacer predicciones. La ciencia es:

1 **Basada en hechos:** la ciencia trabaja con hechos y sucesos.

2 **Racional:** se basa en la razón y la lógica, no en sentimientos y opiniones.

3 **Verificable:** se puede comprobar mediante el estudio de unos datos.

4 **Objetiva:** el conocimiento científico cambia cuando se descubren nuevos datos.

5 **Sistemática:** se desarrolla a partir de un cuerpo de conocimientos, y cada disciplina científica se puede comprobar mediante este conocimiento.

6 **Explicativa:** la ciencia intenta explicar cómo funciona el mundo.

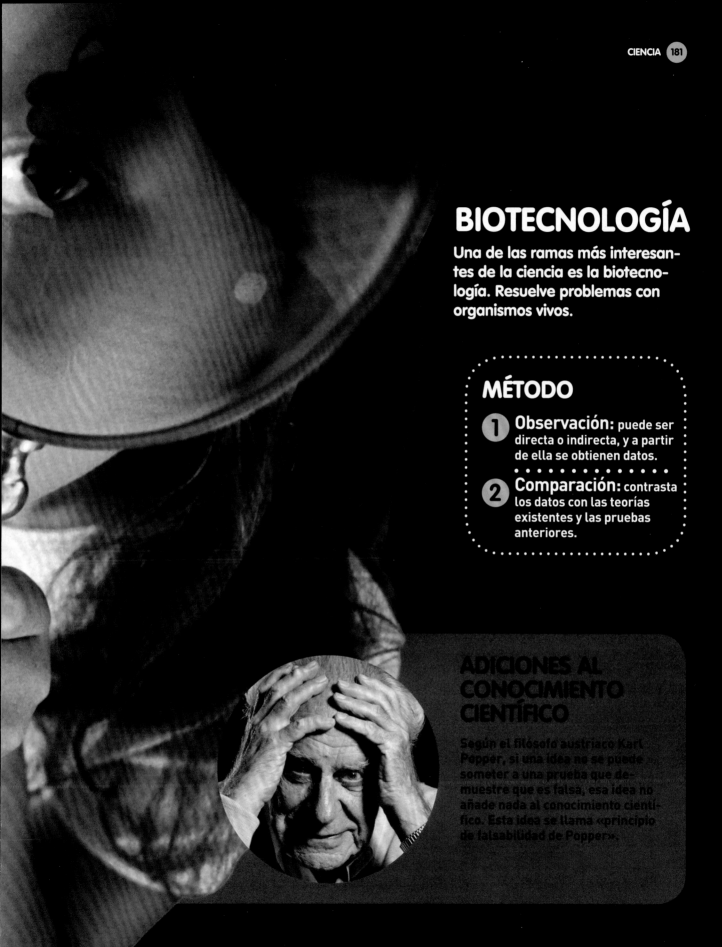

BIOTECNOLOGÍA

Una de las ramas más interesantes de la ciencia es la biotecnología. Resuelve problemas con organismos vivos.

MÉTODO

1 **Observación:** puede ser directa o indirecta, y a partir de ella se obtienen datos.

2 **Comparación:** contrasta los datos con las teorías existentes y las pruebas anteriores.

ADICIONES AL CONOCIMIENTO CIENTÍFICO

Según el filósofo austriaco Karl Popper, si una idea no se puede someter a una prueba que demuestre que es falsa, esa idea no añade nada al conocimiento científico. Esta idea se llama «principio de falsabilidad de Popper».

Grandes científicos

Los descubrimientos científicos han sido posibles gracias al duro trabajo, la inteligencia y el talento de muchos hombres y mujeres. La ciencia implica un trabajo en equipo, pero a lo largo de la historia individuos geniales han aportado ideas totalmente novedosas que han ampliado de pronto el conocimiento universal. Estos son algunos de los científicos más importantes.

ALBERT EINSTEIN
(1879-1955)

Las ideas de Albert Einstein, posiblemente el científico más famoso de todos los tiempos, cambiaron las ideas sobre el universo. Su nueva forma de considerar el espacio y el tiempo llevó a muchos descubrimientos. Sus teorías explican la fuerza de la gravedad y el comportamiento de la luz. Sus ideas han hecho posibles muchos inventos, como el láser (muy útil en la cirugía), la energía nuclear y los ordenadores.

MARIE CURIE
(1867-1934)

Matemática, física y química francesa-polaca, Curie trabajó con su marido Pierre en la investigación de la radio-actividad. Descubrió los elementos radioactivos radio y polonio, y sus averiguaciones condujeron a nuevos tratamientos contra el cáncer. Miles de vidas se han salvado con tratamientos que fueron posibles gracias al trabajo de Curie. Fue la primera mujer en recibir un premio Nobel, el máximo galardón para un científico.

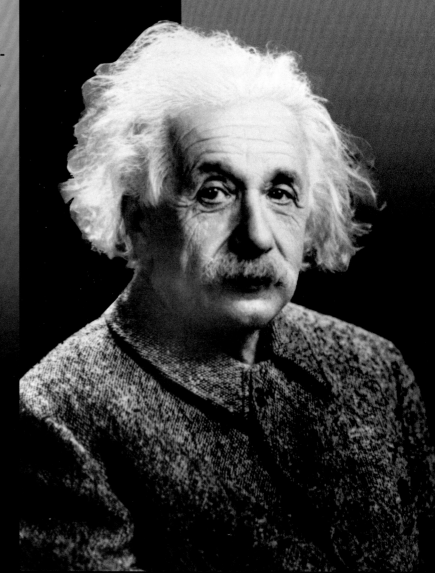

DMITRI MENDELÉYEV
(1834-1907)

El científico ruso Mendeléyev descubrió cómo agrupar los elementos químicos. Para ello confeccionó la tabla periódica, que se publicó por primera vez en 1869. La forma en que dispuso los elementos llevó a la hipótesis de que podían existir otros. Años después de su muerte muchos de esos nuevos elementos ya han sido descubiertos.

ISAAC NEWTON
(1642-1727)

Newton, matemático, físico, astrónomo y filósofo inglés, aportó nuevas ideas a muchas disciplinas científicas. Su teoría de la gravedad fue válida hasta que Einstein formuló otra nueva. Newton también desarrolló la rama matemática del cálculo.

OTROS CIENTÍFICOS

Arquímedes
(287-212 a. C.)
Mecánico genial, Arquímedes explicó cómo funcionan las palancas e inventó distintas máquinas.

Johannes Kepler
(1571-1630)
Kepler, astrónomo alemán, descubrió leyes que explicaban el movimiento de los planetas alrededor del Sol.

Robert Boyle
(1627-1691)
Considerado el padre de la química moderna, el inglés Boyle realizó muchos experimentos con gases y descubrió leyes que explicaban su comportamiento.

Thomas Edison
(1847-1931)
Físico e inventor estadounidense. Edison desarrolló el telégrafo, una forma de comunicación a larga distancia. En total, inventó más de 1000 cosas.

Max Planck
(1858-1947)
Max Planck, físico alemán, hizo los primeros descubrimientos de la física cuántica. Descubrió que las partículas subatómicas se comportan de forma muy distinta a las cosas que se pueden ver.

Ernest Rutherford
(1871-1937)
Rutherford, físico neozelandés, estudió el átomo y descubrió que todos los átomos tienen un pequeño núcleo en el centro rodeado de electrones que orbitan a su alrededor.

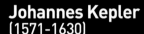

Ferrocarriles

Los primeros trenes aparecieron hace casi 200 años y circulaban a velocidades de menos de 20 km/hora. Los trenes modernos corren mucho más. El más rápido de todos es el Alstom V150, que cubre el trayecto de París a Estrasburgo, en Francia. En 2007 alcanzó una velocidad de casi 600 km/h, rompiendo el récord mundial de velocidad de un tren sobre carriles normales.

575 km/h

La velocidad máxima del tren más rápido del mundo.

CABINA DE CONTROL
Aquí se sienta el conductor del tr

ALSTOM V150

Las locomotoras del Alstom V150 están equipadas con potentes motores eléctricos. El tren lleva una locomotora en cada extremo, de modo que cuando llega al final de trayecto no le hace falta dar la vuelta para ir en la otra dirección.

CORTAVIENTOS

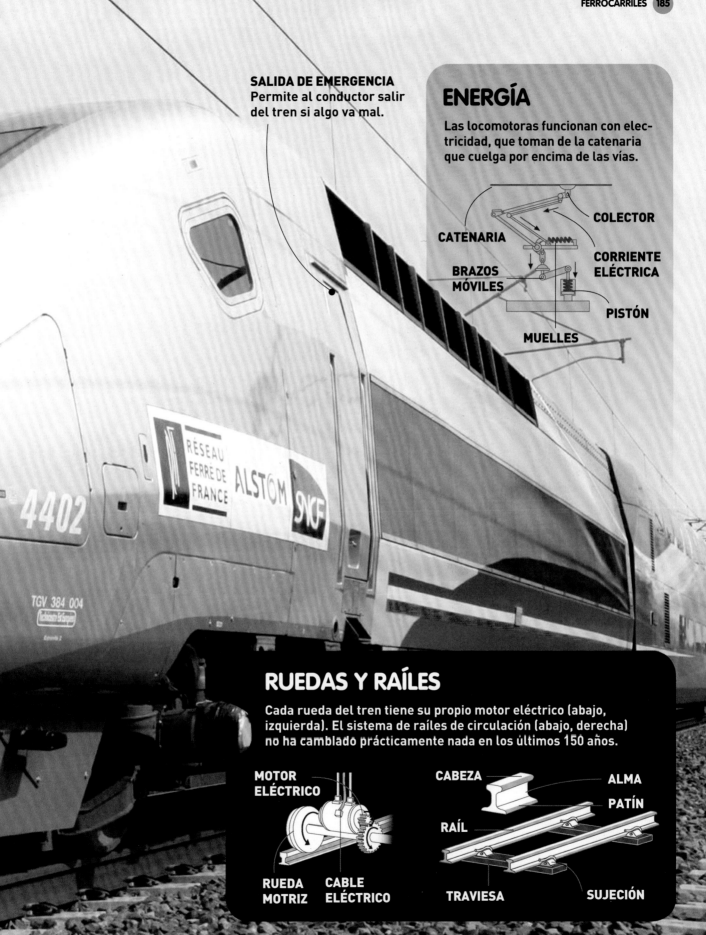

SALIDA DE EMERGENCIA
Permite al conductor salir del tren si algo va mal.

ENERGÍA

Las locomotoras funcionan con electricidad, que toman de la catenaria que cuelga por encima de las vías.

COLECTOR
CATENARIA
CORRIENTE ELÉCTRICA
BRAZOS MÓVILES
PISTÓN
MUELLES

RUEDAS Y RAÍLES

Cada rueda del tren tiene su propio motor eléctrico (abajo, izquierda). El sistema de raíles de circulación (abajo, derecha) no ha cambiado prácticamente nada en los últimos 150 años.

MOTOR ELÉCTRICO
CABEZA
ALMA
PATÍN
RAÍL
RUEDA MOTRIZ
CABLE ELÉCTRICO
TRAVIESA
SUJECIÓN

Aviones

En 1903 los hermanos Wilbur y Orville Wright llevaron a cabo el primer vuelo sostenido en un aeroplano. Desde entonces el avión se ha convertido en uno de los principales medios de transporte. Los primeros aviones estaban hechos con madera, lona y acero, y eran pequeños y ligeros. Los actuales jets son grandes y pesados. No obstante, todos los aviones vuelan por las mismas reglas básicas de la física.

GIGANTE DEL CIELO

El Airbus 380 es el avión de reacción para el transporte de pasajeros más grande del mundo: tiene capacidad para 850 personas. Esta gigantesca aeronave puede volar sin parar 15 200 km, la distancia entre Nueva York y Hong Kong, a una velocidad de mach 0,85, es decir, 945 km/h.

¿CÓMO VUELAN?

El secreto del vuelo está en la forma de las alas, que se llama perfil alar o perfil aerodinámico. El aire que pasa por encima del perfil tiene que ir más rápido que el que pasa por debajo. Es decir, el aire que pasa por encima del ala debe hacerlo más deprisa que el que lo hace por debajo. Eso produce una presión del aire más baja por encima del ala que por debajo, y el resultado es una fuerza llamada sustentación. La sustentación empuja el ala hacia arriba.

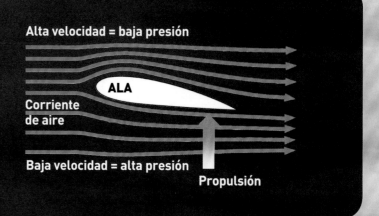

Alta velocidad = baja presión

ALA

Corriente de aire

Baja velocidad = alta presión

Propulsión

FLAPS
Durante el despegue y el aterrizaje, pueden extenderse o alargarse para aumentar la superficie de ala.

TIMÓN
Lo maneja el piloto por medio de unos pedales. El timón orienta el morro del avión hacia la derecha o la izquierda.

ELEVADORES
Los elevadores levantan o bajan el morro del avión para modificar su altitud.

MACH
Unidad de velocidad igual a la velocidad del sonido por el aire: 1 mach = 1224 km/h (a nivel del mar).

ALERONES
Son unas superficies articuladas de las alas que, mediante un movimiento de alabeo, ayudan al avión a ladearse y virar.

SATÉLITES

Los satélites son naves espaciales que orbitan alrededor de la Tierra. Se lanzan al espacio con cohetes. Hoy día hay muchos tipos de satélites en órbita, por ejemplo, de telecomunicaciones, de televisión, meteorológicos y militares. Los satélites transmiten a la Tierra mediante ondas de radio la información que recogen.

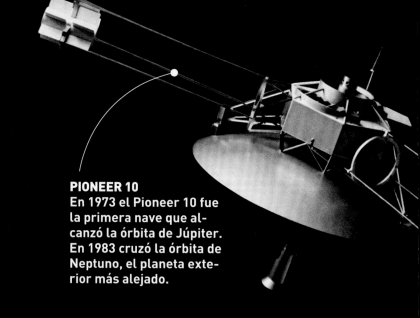

PIONEER 10

En 1973 el Pioneer 10 fue la primera nave que alcanzó la órbita de Júpiter. En 1983 cruzó la órbita de Neptuno, el planeta exterior más alejado.

SPUTNIK 1

El primer satélite que se lanzó al espacio. Lo hizo la Unión Soviética en 1957.

SONDAS

Las sondas espaciales son naves no tripuladas que exploran el espacio. Se lanzan para estudiar objetos naturales, como los planetas, y envían información sobre ellos. Llevan cámaras, radios para transmitir la información a la Tierra y paneles solares, que producen la electricidad que los hace funcionar.

PRIMER ANIMAL EN EL ESPACIO

La segunda nave que se puso en órbita alrededor de la Tierra también la lanzó la Unión Soviética y fue el Sputnik 2. Fue el primer vuelo espacial en llevar a bordo un ser vivo: la perra Laika. Estaba conectada a una máquina que registraba sus constantes. Desde entonces se han lanzado otros animales al espacio, entre ellos varios monos.

LANZADERA ESPACIAL

La lanzadera o transbordador espacial era una nave que podía salir al espacio y volver repetidas veces, y así cumplió 135 misiones. El programa de la lanzadera espacial concluyó en 2011.

VUELO TRIPULADO

Las naves espaciales tripuladas están equipadas para suministrar aire y alimentos a los astronautas de a bordo. También hay zonas de descanso para ellos. Y todo eso hace que los vuelos tripulados sean muy caros. El primer hombre que llegó al espacio fue Yuri Gagarin, en 1961; estuvo en órbita alrededor de la Tierra a una altura máxima de 315 km.

DISCOVERY

Es una lanzadera espacial de Estados Unidos que ha cumplido muchas misiones.

MILLARES

La cantidad de satélites artificiales que hay en órbita alrededor de la Tierra.

El hombre en la Luna

En la «carrera espacial» entre la Unión Soviética y Estados Unidos, los soviéticos fueron los primeros en enviar a un hombre al espacio, en 1961. Ocho años después Estados Unidos puso al primer hombre en la Luna. El 20 de julio de 1969 la misión Apolo 11 llegó a la Luna, y dos de sus astronautas dieron los primeros pasos sobre su superficie. Otras cinco misiones Apolo más han llegado a la Luna, la última en 1972.

EL VIAJE

El Apolo 11 tardó cuatro días en llegar a la Luna, y los astronautas permanecieron en su superficie 21 horas y 37 minutos.

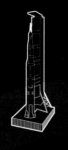

1 La nave espacial estaba compuesta por dos módulos: Columbia e Eagle. La lanzó el cohete Saturno V.

ANTENA RADAR

2 Después de dar una órbita a la Tierra, los módulos se separaron del Saturno V y emprendieron viaje a la Luna.

3 Los módulos permanecieron juntos hasta que entraron en la órbita de la Luna.

4 Por último, el Eagle se separó y aterrizó en la superficie lunar. El Columbia esperó en la órbita.

MATERIAL PARA EXPERIMENTOS

MISIONES POSTERIORES

La Apolo 11 fue la primera de seis misiones estadounidenses a la Luna. Entre 1969 y 1972, las Apolo 12, 14, 15, 16 y 17 tuvieron éxito. Solo la Apolo 13 fracasó: explotó un tanque de oxígeno y hubo que volver a la Tierra. Después de seis alunizajes exitosos, el programa Apolo se dio por concluido, y desde entonces nadie ha vuelto a la Luna.

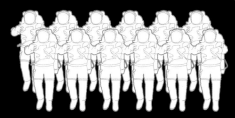

12 ASTRONAUTAS HAN CAMINADO POR LA LUNA

CABINA

TANQUE DE COMBUSTIBLE

384 400 km
La distancia media de la Tierra a la Luna

TRIPULACIÓN

Tres experimentados astronautas componían la tripulación. Los tres habían participado en misiones previas.

NEIL ARMSTRONG
El primer ser humano que pisó la Luna.

MICHAEL COLLINS
Permaneció en el Columbia mientras sus dos colegas andaban por la Luna.

EDWIN ALDRIN
El segundo hombre que puso el pie en la Luna.

UN PASO

Al pisar la Luna, Armstrong dijo: «Es un pequeño paso para un hombre, un gran salto para la humanidad».

Ordenadores

En las últimas décadas los ordenadores han avanzado mucho, desde enormes máquinas calculadoras que ocupaban toda una habitación hasta los PC de mesa y los portátiles más diminutos. Hoy día el ordenador está en todos los ámbitos de nuestra vida cotidiana: en la escuela, en el trabajo y en casa. Y se están realizando investigaciones con ADN para fabricar nuevos ordenadores que podrían ser incluso más potentes que los que tenemos ahora.

INTERIOR DE LA TORRE

La torre de un ordenador contiene muchos cables, placas y circuitos. Cada componente tiene una función concreta.

ENERGÍA
La electricidad se toma de una fuente exterior. Un ventilador evita el sobrecalentamiento.

UCP O CPU
Es el «cerebro» del ordenador, allí donde procesa los datos.

TARJETA DE VÍDEO
Procesa los datos que le llegan desde la UCP para que se puedan ver por el monitor.

DISCO DURO
Almacena información en un aparato magnético de grabación.

CAJA
Sujeta las piezas y las protege.

MONITOR
La pantalla donde vemos los resultados del proceso de datos del ordenador.

PERIFÉRICOS

A un ordenador se pueden conectar muchos otros aparatos, como monitores, altavoces, escáneres o impresoras.

RATÓN
Traza un camino por la pantalla del monitor.

TECLADO
Para entrar datos en el ordenador.

1970

El año en que se inventó el microprocesador, que abarató el coste de fabricación de ordenadores.

PÍXEL

Un píxel es la unidad básica o más pequeña de una imagen digital en un monitor de ordenador.

PLACA BASE

La placa base es una placa central a la que todas las otras partes del ordenador están conectadas. Las partes se comunican entre sí a través de la placa base.

226 796 kg

El peso de uno de los ordenadores más rápidos jamás fabricados, el Roadrunner («correcaminos») de IBM.

Internet

Internet es una red de ordenadores que se extiende
por todo el mundo. Para acceder a Internet desde
casa nuestro ordenador se conecta con otro, mucho
más potente, llamado servidor. El servidor envía nuestra
petición a través de rutas que pasan por todo el
mundo. Por último la respuesta llega a nuestro
ordenador. El proceso completo puede tardar solo una
fracción de segundo.

ORDENADOR

El ordenador envía su
petición de información
al servidor en «paque-
tes».

ROUTER

SERVIDOR
DE ORIGEN

ORDENADOR

② SERVIDOR DE ORIGEN

Lee las peticiones
de muchos ordena-
dores a la vez y las
envía a los servido-
res de destino.

③ RUTAS

Diferentes redes
están conectadas
entre sí por rutas.
El router (enca-
minador) decide
cuál es la mejor
ruta para enviar la
información.

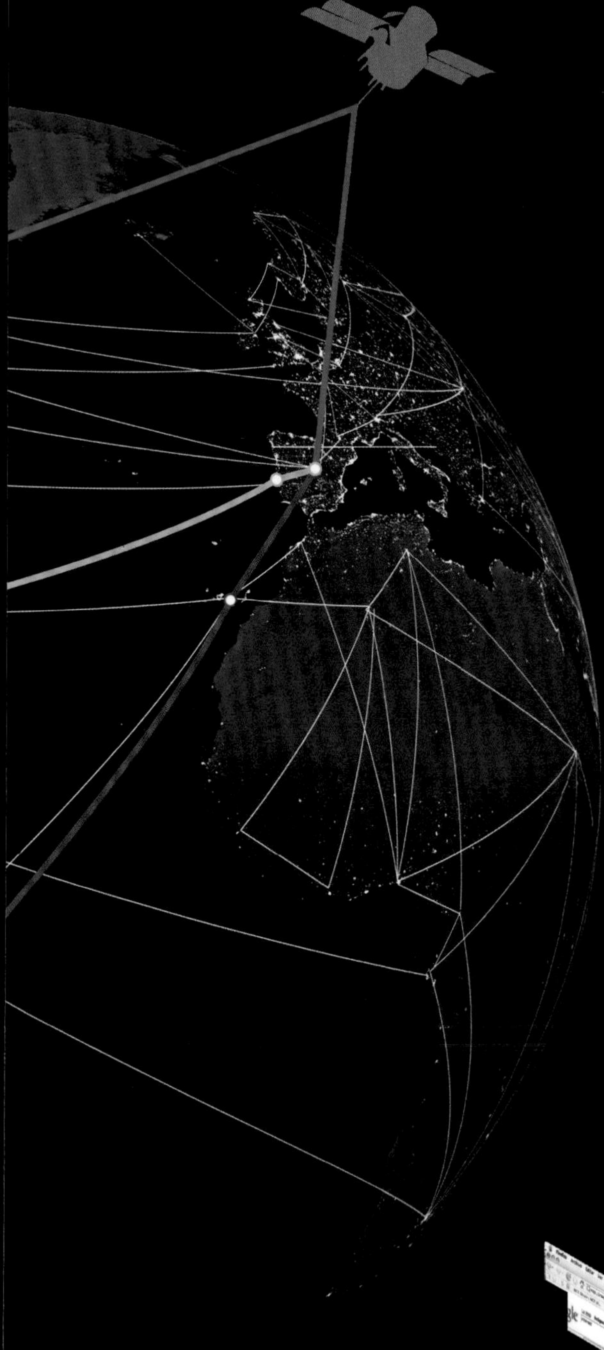

4

SERVIDOR DE DESTINO
Envía la información hacia el servidor que la ha solicitado.

ROUTER

SERVIDOR DE DESTINO

56%
La proporción de páginas web escritas en inglés, la lengua más común en Internet.

5

RECEPCIÓN DE LA INFORMACIÓN
Cuando la información llega al ordenador, aparecen los resultados de la búsqueda.

2300 MILLONES
El número de usuarios de Internet a principios de 2009. La cifra no para de crecer.

ASIA
El continente con más usuarios de Internet (45%), le siguen Estados Unidos (23%) y Europa (22%).

Fuentes de energía

Desde la invención del motor de vapor, el mundo no ha dejado de moverse consumiendo energía procedente de fuentes no renovables. Los combustibles fósiles, como el gas y el petróleo, probablemente se empezarán a agotar en las próximas décadas. Otras fuentes de energía, como la fuerza del agua de los ríos, son inagotables, pero pueden resultar perjudiciales para el entorno. Uno de los mayores desafíos a los que nos enfrentamos en la actualidad es encontrar la forma de producir energía barata, limpia y renovable.

RECICLAJE DE BASURA
Gran parte de los desechos que producimos se pueden tratar en biodigestores, que producen calor, electricidad y abonos.

CALOR DEL SUELO
En las zonas volcánicas, las plantas geotérmicas producen electricidad a partir del calor de debajo de la corteza terrestre.

ENERGÍA EÓLICA
Una de las fuentes de energía más prometedoras es la de las turbinas de viento. En zonas ventosas producen gran cantidad de energía. Algunas personas critican las turbinas por ser feas y ruidosas.

10%
El porcentaje del petróleo mundial que procede de Arabia Saudí, el mayor productor.

BIOCOMBUSTIBLES
Son cultivos especiales que se plantan para producir combustible. Países como Brasil y Estados Unidos cultivan maíz y caña de azúcar con ese fin. Un inconveniente de los biocombustibles es que ocupan tierras que podrían dedicarse al cultivo de alimentos.

EL REGALO DEL SOL

El Sol es una fuente de energía limpia que, captada con paneles solares, proporciona calor y electricidad. De todos modos, queda mucho por resolver antes de que se convierta en una buena fuente de energía a gran escala.

ENERGÍAS LIMPIAS

Además de la comodidad de su consumo, el impacto de una fuente energética en el medio ambiente es un factor crucial a la hora de decidir si usarla o no.

ENERGÍA HIDRÁULICA

La energía de los ríos se puede convertir en electricidad de forma barata y limpia mediante plantas hidroeléctricas. No obstante, la construcción de presas en los cauces para aprovecharla puede acarrear inundaciones.

GAS Y PETRÓLEO

El gas y el petróleo son eficaces fuentes energéticas, pero las reservas se están empezando a agotar. Además, la combustión de gas y petróleo implica emisiones de dióxido de carbono, causantes del calentamiento global.

ENERGÍA NUCLEAR

Es una fuente de energía limpia, potente e inagotable, aunque también puede ser extremadamente peligrosa. La tecnología que requiere es muy compleja y, si algo sale mal, una accidente puede llevar a escapes de radioactividad que son letales para el medio ambiente.

Las siete maravillas del mundo antiguo

Los antiguos griegos consideraban que estas siete construcciones eran las más espectaculares del mundo. Daban fe de la increíble creatividad del ser humano. La lista está extraída de un poema breve escrito por Antípatro de Sidón alrededor del año 125 a. C., pero había otras listas anteriores del historiador Heródoto y el ingeniero Filón de Bizancio.

2 **LOS JARDINES COLGANTES DE BABILONIA**
Los Jardines Colgantes se construyeron en el siglo VI a. C. En esa época Babilonia, a orillas del Éufrates, era una ciudad poderosa.

3 **EL TEMPLO DE ARTEMISA**
El templo se encontraba en la ciudad de Éfeso, en lo que hoy es Turquía, y estaba dedicado a la diosa Artemisa, que los romanos llamaron Diana. Lo mandó construir el rey Creso de Lidia.

4 **LA ESTATUA DE ZEUS DE OLIMPIA**
Era una enorme estatua del dios Zeus en mármol y oro. Medía casi 12 metros de altura y la hizo el escultor griego Fidias alrededor del año 432 a. C.

2 300 000

El número de bloques de piedra que hicieron falta para construir la Gran Pirámide de Guiza.

1 GRAN PIRÁMIDE DE GUIZA

De las siete maravillas, la Gran Pirámide era la más antigua y es la única que sigue en pie. La proyectó para el faraón Keops el arquitecto Hemiunu. Se terminó de construir alrededor del año 2540 a. C. y se encuentra a las afueras de la capital de Egipto, El Cairo.

IRAQ
Los Jardines Colgantes de Babilonia estaban en una región que ahora forma parte de Iraq.

5 LA TUMBA DE MAUSOLO
Era una impresionante tumba de mármol blanco que estaba en la ciudad de Halicarnaso, actual Turquía. Se construyó en el 353 a. C. a la muerte de Mausolo, rey de Caria.

6 EL COLOSO DE RODAS
Era una gigantesca estatua del dios griego Helios que se levantó en la isla de Rodas en el siglo III a. C. Estaba hecha con placas de bronce colocadas sobre un armazón de hierro.

7 EL FARO DE ALEJANDRÍA
Este faro se construyó en el siglo III a. C. en la isla de Faro, cerca de Alejandría, Egipto. Medía unos 125 m de altura.

La Gran Muralla China

La Gran Muralla está compuesta por centenares de tramos que se construyeron para defender China de invasiones. Se extiende miles de kilómetros por el norte del país. Pasarelas y corredores permitían a las tropas desplazarse con rapidez en caso de ataque.

LEYENDA
La muralla se llamaba «el dragón de piedra» porque parecía un dragón mirando hacia el oeste.

TORRES
Había una cada 492 m y eran de vigilancia. Cuando los centinelas divisaban tropas enemigas, mandaban señales de humo de torre en torre.

SEÑALES DE HUMO
Una columna de humo significaba que había menos de 500 enemigos. Dos columnas indicaban que la tropa era mayor. De noche se hacían hogueras.

MURALLAS
Tienen una altura media de 6,4 m, aunque en algunos puntos alcanzan los 10 m. La base mide unos 6,4 m de anchura.

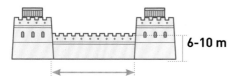

6-10 m

La distancia de una torre a la otra es de unos 500 m.

SEÑALES
Los ataques enemigos se comunicaban de una torre a otra.

FICHA TÉCNICA

UBICACIÓN: China
TIPO: Construcción defensiva.
CUÁNDO SE CONSTRUYÓ: Del 221 a. C. al 1644 d. C.
DIMENSIONES: 6400 km de longitud; 6-10 m de altura, 6 m de anchura.

CONSTRUCCIÓN: Las secciones construidas durante la dinastía Ming, ahora atracción turística, son de piedra y están recubiertas de ladrillos. Otras son de arcilla o piedra caliza.

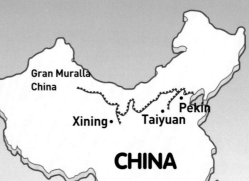

Gran Muralla China

Pekín

Xining   Taiyuan

CHINA

TÉCNICAS DE CONSTRUCCIÓN
La obra se llevó a cabo durante las dinastías Qin, Han y Ming. La parte más antigua de la muralla data del siglo v a. C. El emperador Qin Shi Huang unió las distintas secciones. Durante la dinastía Ming se reconstruyó con una capa de ladrillos de adobe.

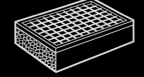

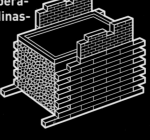

DINASTÍA QIN
Se construyen las primeras murallas de tierra y piedra.

DINASTÍA HAN
Se rellenan armazones de madera con una mezcla de agua y grava fina.

DINASTÍA MING
Se recubre una mezcla de piedra y tierra con ladrillos de adobe.

6400 km
La longitud de la muralla desde la frontera con Corea hasta el desierto de Gobi.

Machu Picchu

La ciudad abandonada de Machu Picchu se encuentra en lo alto de las montañas de los Andes, al sur de Perú. Esta obra maestra de la arquitectura y la ingeniería se construyó en el siglo XV, probablemente bajo las órdenes del inca (rey) Pachacútec. Quedó en el olvido hasta principios del siglo XX.

FICHA TÉCNICA

UBICACIÓN: a 112 km de Cuzco.
ALTITUD: 2392 m.
SUPERFICIE: 32,6 hectáreas.

INTIHUATANA
Era un altar desde donde se adoraba al Sol. En él se construyó un reloj de sol.

TEJADOS
Los tejados eran de paja dispuesta sobre vigas de madera.

ALMACÉN
El almacén era un edificio de dos pisos donde se guardaban alimentos como pescado seco, cereales y verduras.

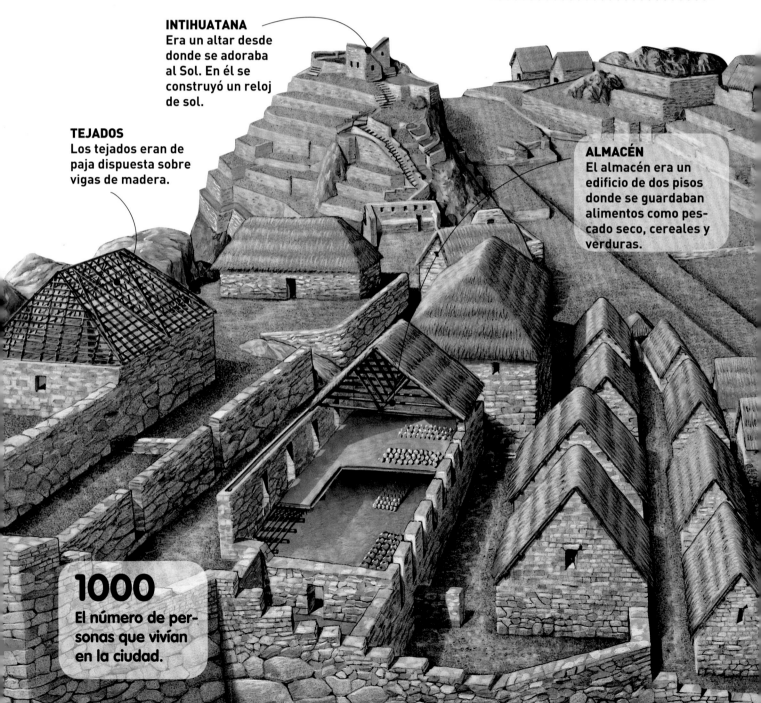

1000
El número de personas que vivían en la ciudad.

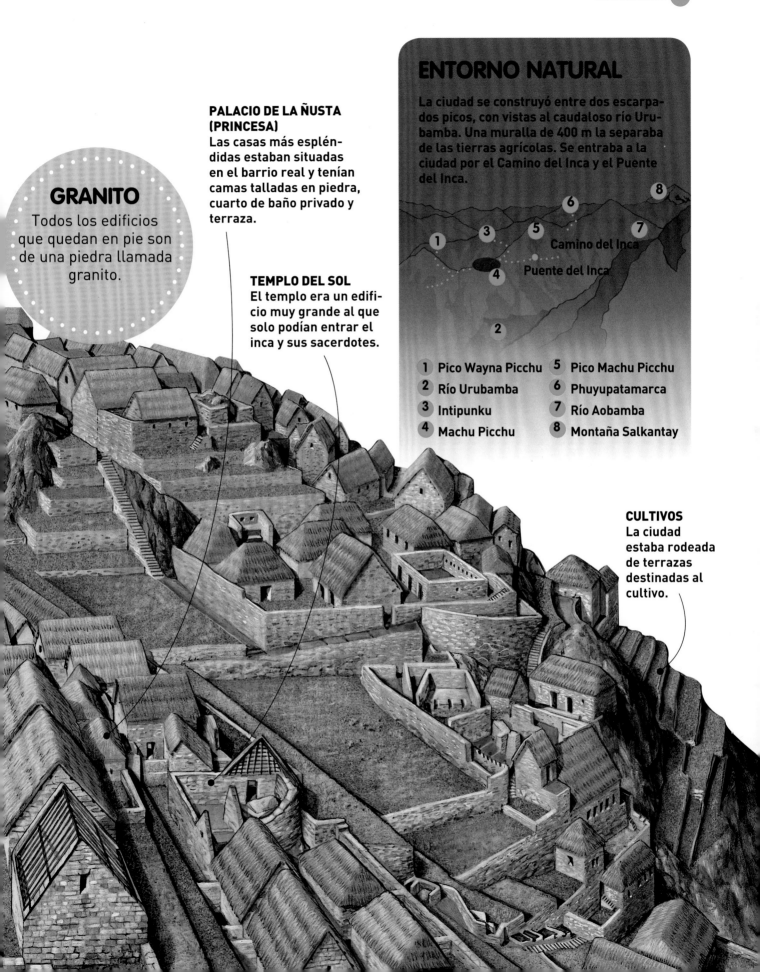

GRANITO
Todos los edificios que quedan en pie son de una piedra llamada granito.

PALACIO DE LA ÑUSTA (PRINCESA)
Las casas más espléndidas estaban situadas en el barrio real y tenían camas talladas en piedra, cuarto de baño privado y terraza.

TEMPLO DEL SOL
El templo era un edificio muy grande al que solo podían entrar el inca y sus sacerdotes.

ENTORNO NATURAL
La ciudad se construyó entre dos escarpados picos, con vistas al caudaloso río Urubamba. Una muralla de 400 m la separaba de las tierras agrícolas. Se entraba a la ciudad por el Camino del Inca y el Puente del Inca.

Camino del Inca

Puente del Inca

1 Pico Wayna Picchu
2 Río Urubamba
3 Intipunku
4 Machu Picchu

5 Pico Machu Picchu
6 Phuyupatamarca
7 Río Aobamba
8 Montaña Salkantay

CULTIVOS
La ciudad estaba rodeada de terrazas destinadas al cultivo.

Taj Mahal

El Taj Mahal es un hermoso mausoleo, una tumba, que está a orillas del río Yamuna en la ciudad india de Agra. Lo construyó el emperador mogol Shah Jahan en recuerdo de su esposa Mumtaz Mahal, que murió dando a luz. Ambos están enterrados en este deslumbrante edificio de mármol blanco con incrustaciones de piedras preciosas.

CÚPULA ACEBOLLADA
Cúpula en forma de cebolla típica de la arquitectura islámica

MINARETES
La tumba se levanta entre cuatro torres, una en cada esquina de la base.

ENJUTAS
Estos espacios están cubiertos de dibujos y versos del Corán.

BARANDAS
Las tumbas reales están rodeadas de barandas ornamentadas.

22
Las cúpulas que simbolizan los años que duró la construcción.

LUZ

El palacio central recibe la luz que se refleja en las piedras preciosas incrustadas en el mármol.

JARDINES

Los jardines están divididos en 16 sectores, con parterres de flores, senderos elevados, hileras de árboles, fuentes, arroyos y estanques. El agua **refleja** el majestuoso palacio.

ZÓCALO

El mausoleo descansa sobre una base rectangular o zócalo que lo eleva, de forma que aún parece más impresionante.

LAS TUMBAS

Las tumbas, de mármol incrustado de piedras semipreciosas, se encuentran en el edificio principal. Están decoradas con un anillo de flores de loto.

VISTA ININTERRUMPIDA

El palacio está al final del recinto, con las fuentes y jardines delante. Eso da al visitante una vista ininterrumpida del mausoleo, y puede hacerse una idea de sus dimensiones.

La Estatua de la Libertad

Situada en la desembocadura del río Hudson, al sur de la isla de Manhattan, Nueva York, la Estatua de la Libertad es uno de los monumentos más famosos del mundo. El nombre completo de la colosal obra es *La libertad iluminando el mundo*. Fue un regalo que Francia hizo a Estados Unidos en 1886 para celebrar los 100 años de independencia del país.

Ficha técnica

ESTRUCTURA:
Una torre interior da cuerpo a la estatua. Un armazón rodea la torre y sostiene la capa exterior de cobre.

PLACA:
En el pedestal había una placa con el poema de Emma Lazarus «El nuevo coloso». Esa placa se expone ahora en el interior de la estatua.

BASE:
La base es cuadrada y descansa sobre un zócalo en forma de estrella. Pesa 29 762 toneladas.

MUSEOS
Hay dos museos al pie de la estatua.

DISEÑO

El diseño, del escultor francés Frédéric Auguste Bartholdi, evoca el famoso Coloso de Rodas. El ingeniero Gustave Eiffel proyectó la estructura interior, y el arquitecto Eugène Viollet-le-Duc escogió el cobre como material de construcción.

Frédéric Auguste Bartholdi

ANTORCHA
La antorcha era originalmente de cobre. En 1916 el cobre se sustituyó por 600 piezas de cristal amarillo, que le dieron más brillo. La llama está recubierta de láminas de oro.

CORONA
La corona tiene siete rayos, que simbolizan los siete mares y los siete continentes del mundo.

LO PRIMERO
La estatua era lo primero que veían los inmigrantes europeos al llegar a Estados Unidos en barco.

CABEZA
De la barbilla a la frente mide 5 m. Para llegar a la cabeza hay que subir 354 escalones.

ASCENSOR
Se llega en ascensor hasta el décimo piso, pero los otros 12 hay que subirlos a pie.

93 m
La altura de la estatua desde el suelo hasta la antorcha.

TABLILLA
En la tablilla, que representa la ley y los derechos, está inscrita la fecha de la Declaración de Independencia de Estados Unidos.

TÚNICA
La larga túnica es del estilo de las de las diosas de la Grecia clásica.

Arquitectura moderna

A principios del siglo XX artistas de todo tipo inventaron nuevas formas de expresión. En arquitectura los edificios adoptaron nuevos estilos. Entre ellos estaban el racionalismo, cuyo máximo exponente fue Le Corbusier, y la arquitectura orgánica, con Frank Lloyd Wright como su más famoso representante. A lo largo del siglo surgieron muchos nuevos estilos arquitectónicos.

CASA DE CAMPO
La Villa Saboya, cerca de París, fue un proyecto de Le Corbusier construido en 1931. Fue recientemente renovada y ahora está abierta al público.

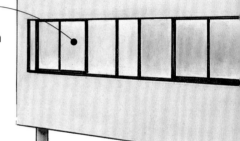

CASA DE LA CASCADA
Diseñada por Frank Lloyd Wright, es un ejemplo de arquitectura orgánica. El edificio se integra en el paisaje que lo envuelve, con sus cascadas, rocas y plantas.

FACHADAS
Todas las paredes exteriores (fachadas) son distintas. Los grandes ventanales dejan entrar mucha luz.

COLUMNAS
El primer piso se levanta sobre columnas, que dejan un gran espacio abierto por debajo de él.

LA ÓPERA DE SÍDNEY
Este teatro de ópera está en el puerto de la ciudad australiana de Sídney y tiene forma de enorme vela al viento. Diseñado por Jørn Utzon, se terminó en 1973.

ESCALERAS
Unas escaleras llevan de la planta baja al primer piso y al jardín del segundo piso.

MÁQUINAS
Le Corbusier describió las casas como «máquinas donde vivir».

COLORES
El blanco puro del exterior es muy distinto a los vivos colores de las paredes del interior del edificio.

LE CORBUSIER
El arquitecto suizo Le Corbusier fue un pionero de la arquitectura moderna. Diseñó edificios de líneas claras y colores sencillos, sin decoración alguna.

Edificio de apartamentos, Marsella, 1947-1952
Notre Dame du Haut, Ronchamp, Francia,1954

Arte prehistórico

Los seres humanos han producido arte desde hace miles de años, pintando y fabricando objetos con imaginación. Las primeras muestras de arte de las que tenemos constancia son pinturas rupestres pintadas en cuevas hace más de 30 000 años. Muchas veces estas y otras obras de arte primitivas indican lo que sus autores pensaban acerca de la vida y la muerte.

ALTAMIRA
Las pinturas de la cueva de Altamira, España, datan de hace unos 15 000 años. Están entre los mejores ejemplos de pintura rupestre de todo el mundo.

ESCULTURAS

Las primeras esculturas son figuras de animales talladas en el puño de alguna herramienta. Otro tipo común de escultura primitiva son las llamadas venus. Son figuritas femeninas redondeadas que simbolizan la Madre Tierra, que se creía el origen de toda la vida.

ARQUITECTURA

Las construcciones más antiguas están hechas con inmensas losas de piedra. Solían tener una trascendencia religiosa o ritual para sus constructores.

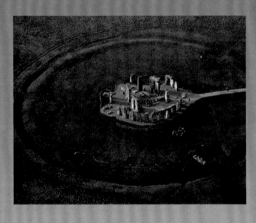

STONEHENGE
Se cree que en Stonehenge, un círculo de piedras levantado en el sur de Inglaterra, se celebraban ceremonias religiosas, pero nadie lo sabe con exactitud.

PINTURAS RUPESTRES

Dibujos de personas y animales pintados en paredes rocosas de cuevas hace miles de años.

PREHISTORIA EUROPEA

PALEOLÍTICO

NEOLÍTICO

HACE 40 000 AÑOS
Primeros establecimientos humanos en Europa.

HACE 30 000 AÑOS
Primeras pinturas rupestres.

HACE 25 000 AÑOS
Las venus se convierten en algo común.

HACE 10 000 AÑOS
Empieza el Neolítico.

HACE 6000 AÑOS
Aparecen las primeras ciudades. Fin de la prehistoria.

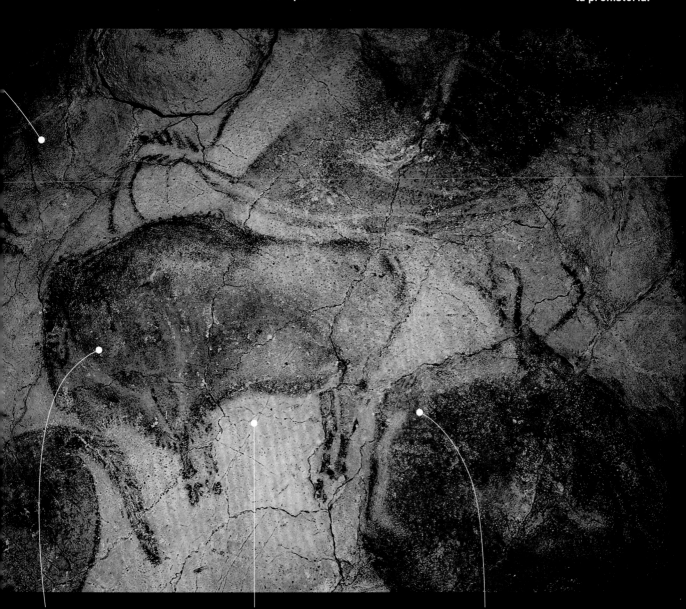

FIGURAS
Las figuras más comunes de las pinturas rupestres son animales como mamuts, bisontes, hienas y caballos.

REALISMO
Los animales están dibujados de forma muy realista. Hay muy pocas figuras humanas, que están trazadas con mucho menos detalle.

COLORES
Las pinturas están hechas con sustancias naturales: el negro con carbón y el rojo con óxido de hierro. Eran los dos colores más frecuentes.

Arte moderno

En los siglos XIX y XX la pintura experimentó muchos cambios. Con la invención de la cámara fotográfica, ya no había por qué pintar las cosas como se veían: de eso se encargaba la fotografía. Los artistas empezaron a experimentar con formas y colores. Surgieron escuelas, como el impresionismo, el expresionismo y el cubismo, que exploraron nuevas ideas. Muchas de ellas aparecieron en Europa.

COLORES
Los pintores empezaron a representar la luz de una hora concreta del día mediante colores vivos.

Cuentos crueles, Paul Gauguin, 1902

INFLUENCIAS AFRICANAS

Junto con Paul Cézanne y Vincent Van Gogh, el pintor francés Paul Gauguin fue uno de los grandes artistas del siglo XIX. Se inspiraba en el arte que antes se consideraba «primitivo». También le influyó el arte africano.

Desayuno sobre la hierba, Édouard Manet, 1863

ESCANDALOSOS

Las pinturas más revolucionarias del siglo XIX surgieron en Francia. A mucha gente le escandalizaron unas obras donde aparecían personas desnudas haciendo cosas cotidianas. En el cuadro *Desayuno sobre la hierba*, de Manet, se ve una mujer desnuda sentada en un parque. Antes solo se habían pintado desnudas figuras míticas. Manet fue uno de los grandes artistas impresionistas.

REVOLUCIÓN

El pintor francés Paul Cézanne revolucionó la pintura al dibujar una escena desde distintos puntos de vista. Según Cézanne, cualquier objeto se podía reducir a un cono, un cilindro o una esfera. El cubismo, uno de los principales movimientos del siglo XX, surgió a partir de la obra de Cézanne.

Manzanas y naranjas, Paul Cézanne, 1899

ESPACIO
En lugar de ver la escena entera como una unidad, Cézanne pintó los objetos uno por uno, como si fueran esculturas sueltas.

FORMAS
Los cubistas, como el pintor español Juan Gris, intentaban representar objetos no de forma realista, sino como los vemos en nuestra imaginación.

VANGUARDIAS

A principios del siglo XX surgieron nuevas escuelas de arte llamadas vanguardistas. Introdujeron nuevas formas de ver el arte y nuevas ideas sobre lo que podía ser el arte. Los principales movimientos vanguardistas fueron el expresionismo, el futurismo, el cubismo, el surrealismo y el dadaísmo.

Guitarra sobre una silla, Juan Gris, 1913

Los Juegos Olímpicos modernos

En la antigua Grecia los Juegos Olímpicos se celebraban en el marco de los festivales en honor del dios Zeus. En 1892 Pierre de Coubertin se inspiró en la antigua Grecia para fomentar los Juegos Olímpicos modernos. Los primeros Juegos tuvieron lugar en Atenas en 1896, y se siguen celebrando cada cuatro años.

JUEGOS DE LA PAZ

En la antigua Grecia se firmaban tratados para que las guerras quedaran interrumpidas durante las Olimpíadas. De Coubertin esperaba que los Juegos Olímpicos modernos también permitieran a las naciones reunirse de forma pacífica, y que contribuyeran a un mayor entendimiento entre los pueblos.

MEDALLA DE PLATA
Esta medalla de plata es de los Juegos Olímpicos de 1908, celebrados en Londres.

PIERRE DE COUBERTIN
El francés Pierre de Coubertin (1863-1937) fundó los Juegos Olímpicos modernos.

SOLO HOMBRES

Al igual que en los Juegos antiguos, en 1896 no se permitió a las mujeres competir en Atenas.

TROFEO DEL MARATÓN
El francés Michel Bréal donó esta copa para que se le entregara al ganador del maratón olímpico.

43

El número de pruebas celebradas en Atenas en 1896, incluidas las de atletismo, gimnasia, natación, tiro y lucha libre.

CAMPEÓN DE ATLETISMO

El pastor griego Spiridon Louis ganó el primer maratón olímpico frente a sus compatriotas. El maratón es una carrera de 42 km y 195 metros. Además de carreras, el atletismo incluía pruebas como lanzamiento de disco, lanzamiento de jabalina y salto de longitud.

PARTICIPACIÓN OLÍMPICA

AÑO	ANFITRIÓN	PAÍSES	ATLETAS
1896	Atenas	12	280
1900	París	24	997
1904	St. Louis	12	645
1908	Londres	22	2008
1912	Estocolmo	28	2407
1920	Amberes	29	2626
1924	París	44	3100
1928	Ámsterdam	46	2833
1932	Los Ángeles	37	1332
1936	Berlín	49	3963
1948	Londres	59	4104
1952	Helsinki	69	4955
1956	Melbourne	67	3314
1960	Roma	83	5338
1964	Tokio	93	5151
1968	México D. F.	112	5516
1972	Múnich	122	7134
1976	Montreal	92	6084
1980	Moscú	81	5179
1984	Los Ángeles	140	6829
1988	Seúl	159	8391
1992	Barcelona	169	9356
1996	Atlanta	197	10 318
2000	Sídney	199	10 651
2004	Atenas	201	10 625
2008	Pekín	204	11 028
2012	Londres	204	10 919

Creencias religiosas

Durante miles de años los seres humanos se han hecho preguntas sobre la vida, la muerte y el origen del universo. Muchas religiones intentan dar respuesta a esas cuestiones. Las religiones también enseñan a distinguir el bien del mal, y ayudan a las personas a vivir en paz unas con otras. Las ceremonias y los **rituales** religiosos, como las plegarias, invitan a las personas a congregarse para compartir su fe.

LA VIDA Y LA MUERTE
Muchas religiones dan respuesta a la cuestión de la muerte. Algunas dicen que tenemos un alma que sobrevive al cuerpo después de la muerte.

NINGÚN DIOS
El budismo no tiene ningún dios. Los budistas viven según los principios inspirados por la vida de Buda.

CRISTIANISMO
Igual que el judaísmo y el islamismo, enseña que existe un solo dios.

MUCHOS DIOSES O SOLO UNO
Unas religiones sostienen que hay muchos dioses diferentes, cada uno de ellos encargado de un aspecto determinado de la vida, y otras dicen que solo existe un dios.

HINDUISMO
Los hindúes veneran a muchos dioses.

CULTO EN GRUPO

Las ceremonias religiosas suelen consistir en que se reúne gente para rezar. En algunas religiones se espera de los fieles que realicen un viaje religioso llamado peregrinaje. Por ejemplo, los musulmanes deben ir a la ciudad sagrada de La Meca al menos una vez en su vida. Varios millones de peregrinos acuden a La Meca todos los años.

TEMPLOS
Muchas religiones celebran sus ceremonias en edificios especiales llamados templos, iglesias, sinagogas, gurdwaras o mezquitas.

ORACIÓN
La oración es un ritual en el que los fieles creen que se comunican con su dios. Las personas rezan en grupo o en privado.

RITUALES

Los fieles participan en los rituales de su religión, muchos de ellos relacionados con momentos importantes de la vida, como el nacimiento, el matrimonio o la muerte. Los rituales los suele dirigir un líder religioso, como un sacerdote o un imán. En ciertas religiones una persona llamada chamán hace de canal entre los vivos y los muertos.

FE
Muchas de las respuestas que dan las religiones no se pueden demostrar. La gente cree en ellas por un acto de fe.

Religiones del mundo

En el mundo existen muchas religiones, unas que tienen muy pocos seguidores y otras, como el cristianismo o el islamismo, que tienen cientos de millones de fieles en todo el mundo. El budismo y el hinduismo son religiones muy importantes en Asia. Muchas personas siguen las religiones animistas tradicionales, que sostienen que entre nosotros viven espíritus.

Cristianismo
Islamismo
Judaísmo
Animismo
Budismo
Hinduismo

CRISTIANISMO
La religión más extendida del mundo, el cristianismo, está dividida en muchas Iglesias, entre ellas la católica, la protestante y la ortodoxa.

ISLAMISMO
Los seguidores del islamismo, llamados musulmanes, se guían por las enseñanzas del profeta Mahoma.

CONFLICTO RELIGIOSO

A lo largo de la historia ha habido muchas guerras debidas a discrepancias religiosas. Las Cruzadas fueron un conflicto medieval en que los ejércitos cristianos se enfrentaron a las tropas musulmanas por la posesión de Tierra Santa (en Oriente Próximo). Los conflictos religiosos siguen provocando guerras civiles, persecución de grupos religiosos minoritarios y terrorismo.

2000
Los millones de cristianos que hay en el mundo.

RELIGIONES ORIENTALES

En el Asia oriental surgieron muchas religiones, como el taoísmo o el confucianismo, que entre las dos cuentan con más de 500 millones de fieles. En Japón la principal religión es el sintoísmo: sus seguidores creen en honrar a sus antepasados.

JUDAÍSMO

Aunque no es una religión muy extendida, el cristianismo y el islamismo tienen sus raíces en el judaísmo. Sus 16 millones de seguidores viven principalmente en Israel y Estados Unidos.

BUDISMO

Fundado por Buda en la India hace 2500 años, el budismo cuenta ahora con 400 millones de seguidores, la mayoría de ellos en Asia oriental.

HINDUISMO

El hinduismo tiene raíces muy profundas en la India. Sus seguidores creen en varios dioses.

ANIMISMO

Los seguidores de las religiones animistas creen que a nuestro alrededor viven espíritus, en lugares como ríos, montañas o piedras. Más de 100 millones de personas siguen religiones animistas.

LIBERTAD

Poder elegir cualquier religión, o ninguna, es un derecho básico de las sociedades democráticas.

GLOSARIO

ARISTÓCRATA
Alguien perteneciente a la alta sociedad, por ejemplo, un noble.

ATMÓSFERA
El aire que rodea la Tierra. La atmósfera terrestre está compuesta en su mayor parte de nitrógeno y oxígeno.

BACTERIAS
Organismos diminutos; algunos de ellos pueden producir enfermedades.

CALCIO
Metal de color blanco plateado que se encuentra en minerales como la caliza. Las hojas, los huesos y las conchas contienen calcio.

CAMUFLADO
Algo que se esconde disimulándose. Por ejemplo, las manchas de la piel del leopardo le ayudan a pasar desapercibido entre la hierba alta, y así puede atrapar a su presa por sorpresa.

CANAL
Paso artificial para embarcaciones. En el organismo humano, conducto por el que circulan sustancias.

CAPITALISTA
Quien está a favor del capitalismo. En un país capitalista la riqueza está en manos de personas, no del Estado.

CÉLULA
Unidad básica estructural de todo organismo vivo. Existen animales de una sola célula, pero otros tienen muchas. Las células realizan todos los procesos necesarios para la vida.

CICLO VITAL
La serie de cambios que un animal o planta experimenta a lo largo de su vida.

COLONIZAR
Invadir un territorio una potencia extranjera y administrarlo.

COMERCIO
Negociación que consiste en comprar, vender o intercambiar mercancías.

COMUNISTA
Quien está a favor del comunismo, sistema político en el que los bienes, gestionados por el Estado, son propiedad común.

CONDENSARSE
Convertirse un vapor en un líquido o un sólido, como el vapor de agua en agua.

DEPREDADOR
Animal que caza otros animales para subsistir. Los leones y los cocodrilos son depredadores que cazan animales más pequeños, como antílopes.

DERECHOS CIVILES
Normas y principios que regulan las relaciones entre las personas. Dos derechos básicos son la libertad y la igualdad ante la ley.

DERROTAR
Vencer a alguien en una batalla.

DESTINO
Lo que le espera a alguien en el futuro.

DIENTES DE LECHE
Los primeros dientes que le salen al niño. Los dientes de leche se caen y en su lugar salen los definitivos.

DIETA
Los alimentos que una persona o animal come regularmente.

DIGERIR
Convertir los alimentos en el estómago y el intestino en sustancias que el organismo pueda absorber.

DINASTÍA
Serie de reyes o reinas de la misma familia, como la dinastía Ming.

DIÓXIDO DE CARBONO
Gas incoloro que está entre los que, al respirar, emitimos las personas y los animales. Es un gas de efecto invernadero.

DISOLVER
Mezclar una sustancia sólida con un líquido hasta que se convierte en parte del mismo.

EJE
Línea que pasa por el centro de un objeto que gira. Por ejemplo, la Tierra gira sobre su eje.

EMIR
Dirigente o jefe local musulmán.

ESPECIE
Grupo de plantas o animales que comparte una o varias características.

ESPORAS
Unidades reproductoras minúsculas, generalmente unicelulares. Los hongos, por ejemplo, se reproducen por esporas.

EVAPORACIÓN
Proceso de transformación de un líquido en gas o vapor. El agua, por ejemplo, se evapora y se convierte en vapor de agua.

EVOLUCIÓN
Proceso por el cual animales y plantas se desarrollan a partir de formas de vida más primitivas o simples.

FASCISTA
Partidario del fascismo, sistema político dirigido por un dictador o persona que tiene un control total sobre el poder.

GALAXIA
Agrupación de estrellas y polvo.
Nuestra galaxia es la Vía Láctea.

GOLPE DE ESTADO
Toma del poder por la fuerza.

GRAVEDAD, FUERZA DE LA
La fuerza que atrae todos los objetos del universo unos hacia otros.

HÁBITAT
Lugar que ofrece las condiciones apropiadas para la vida de un animal. Por ejemplo, el hábitat natural del león es la pradera o la sabana.

HIDRÓGENO
Gas muy ligero que se ha empleado en la fabricación de bombas.

HIMNO
Canto religioso o patriótico.

HORMONA
Sustancia producida en las glándulas del cuerpo y transportada por la sangre que estimula los órganos.

HUMEDAD
Vapor de agua mezclado con el aire.

IDEOGRAMA
Carácter que simboliza la idea de algo, independientemente de los sonidos que lo expresan. Ejemplos: los números y la escritura china.

ILEGAL
Lo que va contra la ley, por ejemplo, la caza de algunos animales.

INDUSTRIALIZACIÓN
Desarrollo a gran escala de las industrias de un país o región.

INFINITO
Que no tiene ni un principio ni un fin concretos.

INFLAR
Hinchar, llenar algo con aire u otro gas.

MAGMA
Sustancia fundida (derretida) que hay bajo la corteza terrestre.

MAREA
Movimiento periódico alternativo de subida (marea alta) y bajada (marea baja) del agua del mar; suele tener lugar dos veces al día.

MEMBRANA
Capa fina de piel o recubrimiento que protege alguna cosa.

MINERAL
Sustancia inorgánica (no viviente) necesaria para que el organismo esté sano, por ejemplo, el calcio.

MOLÉCULA
Grupo de dos o más átomos unidos por un enlace químico.

NEBULOSA
Nube de polvo y gases dispersos.

ORBITAR
Girar alrededor de algo. Por ejemplo, la Tierra orbita alrededor del Sol.

ORGANISMO
Animal o planta vivos.

ÓRGANOS
Partes del cuerpo con una función concreta. Por ejemplo, el estómago es un órgano del sistema digestivo que ayuda al organismo a digerir los alimentos.

OXÍGENO
Gas que se encuentra en la atmósfera y que los seres humanos y los animales necesitamos para vivir. Cuando algo está cargado de oxígeno se dice que está oxigenado.

POLÍTICA EXTERIOR
Forma en que un país se relaciona con otros.

PRESA
Animal cazado o muerto por otro animal. Por ejemplo, el antílope suele ser presa del león.

PRESIÓN SANGUÍNEA
Medida de la presión a la que circula la sangre por nuestro organismo.

PROTEÍNAS
Sustancias necesarias para el crecimiento y la buena salud. Las proteínas animales las ingerimos al comer productos de origen animal.

RADIACIÓN
Calor, luz u otra fuente de energía emitida por algo, por ejemplo, el Sol.

REBELIÓN
Alzamiento de la oposición o resistencia armada contra un gobierno o líder establecido.

REFLEJAR
Rebotar algo desde una superficie. El calor, la luz y el sonido, por ejemplo, se pueden reflejar.

REINAR
Gobernar un país o región un rey o una reina.

REPRODUCIRSE
Multiplicarse algo; por ejemplo, los seres humanos nos reproducimos teniendo niños.

RITUAL
Serie de acciones o ceremonias, por lo general religiosas, que se celebran de forma regular.

ROTAR
Dar vueltas alrededor de un eje.

SANGRE CALIENTE
Se dice que son de sangre caliente los animales cuya temperatura corporal es alta y constante independientemente de los cambios de la temperatura exterior. Las aves y los mamíferos son animales de sangre caliente.

SANGRE FRÍA
Se dice que son de sangre fría los animales cuya temperatura cambia en función de la temperatura ambiente. Los peces, los anfibios y los reptiles son animales de sangre fría.

SANTUARIO
Lugar sagrado, como un templo o una capilla.

TOTALITARIO
Se aplica a la forma de gobierno que solo admite un partido político.

ÍNDICE